Cardeal Mazarin

BREVIÁRIO
DOS POLÍTICOS

Apresentação de Bolívar Lamounier
Prefácio de Umberto Eco
Tradução de Paulo Neves

editora■34

EDITORA 34

Editora 34 Ltda.
Rua Hungria, 592 Jardim Europa CEP 01455-000
São Paulo - SP Brasil Tel/Fax (11) 3811-6777 www.editora34.com.br

Copyright © Editora 34 Ltda., 1997
"O poder e seus micromecanismos" © Bolívar Lamounier, 1997
"I segni del potere", *Sette anni di desiderio* © Bompiani, 1983

A FOTOCÓPIA DE QUALQUER FOLHA DESTE LIVRO É ILEGAL E CONFIGURA UMA
APROPRIAÇÃO INDEVIDA DOS DIREITOS INTELECTUAIS E PATRIMONIAIS DO AUTOR.

Edição conforme o Acordo Ortográfico da Língua Portuguesa.

Capa, projeto gráfico e editoração eletrônica:
Bracher & Malta Produção Gráfica

Imagem da capa:
Philippe de Champaigne, Le Cardinal Mazarin, *óleo s/ tela, c. 1650*

Tradução do prefácio de Umberto Eco:
Maria Betânia Amoroso

Revisão:
Adma Fadul Muhana

1ª Edição - 1997 (2 Reimpressões), 2ª Edição - 2000 (3 Reimpressões),
3ª Edição - 2013 (1ª Reimpressão - 2025)

Catalogação na Fonte do Departamento Nacional do Livro
    (Fundação Biblioteca Nacional, RJ, Brasil)

      Mazarin, Jules, 1602-1661
M475b   Breviário dos políticos / Jules Mazarin;
      apresentação de Bolívar Lamounier; prefácio de
      Umberto Eco; tradução de Paulo Neves. —
      São Paulo: Editora 34, 2013 (3ª Edição).
      208 p.

      ISBN 978-85-7326-066-3

        1. Poder (Ciências Sociais). 2. Ética política.
I. Lamounier, Bolívar. II. Eco, Umberto.
III. Neves, Paulo. IV. Título.

CDD - 172

BREVIÁRIO DOS POLÍTICOS

Apresentação
O poder e seus micromecanismos 9
    por Bolívar Lamounier

Prefácio
Os sinais do poder 23
    por Umberto Eco

BREVIÁRIO DOS POLÍTICOS

Introdução 35

Primeira parte 37
    Conhece-te a ti mesmo 39
    E conhece os outros 42

Segunda parte
Os homens em sociedade 57
    Obter o favor de outrem 59
    Os amigos dos outros 68
    Boa reputação 70
    Os afazeres 76
    Ler, escrever 81
    Os benefícios 83
    Solicitar 87
    Aconselhar 91

Não se deixar surpreender	93
A boa saúde	94
Ódios e rancores	95
Os segredos	106
As intenções	107
Jamais ofender	108
Incitar à ação	115
A sabedoria	115
Agir com prudência	122
Os inoportunos	126
A conversação	127
Os gracejos	132
Evitar as armadilhas	133
O dinheiro: ganhá-lo e guardá-lo	134
As honrarias	136
As solicitações	139
A simulação dos sentimentos	142
Festas e ágapes	143
Limitar os desperdícios	145
As inovações	146
Sair de apuros	147
Dissimular seus erros	148
Excitar o ódio contra um adversário	149
Pôr fim a uma amizade	152
O elogio de outrem	155
Impedir alguém de recusar um cargo	155
Conter sua cólera	156
Fugir	160

Punir	163
Pôr fim a uma sedição	167
Escutar e pronunciar justos louvores	168
Conservar sua serenidade	169
Desprezar os ataques verbais	171
A habilidade nas palavras	172
Desviar as suspeitas	173
Desembaraçar-se de um adversário	174
Em viagem	178
Não correr atrás das satisfações do amor-próprio	180
Criticar, repreender	182
Dissimular seus sentimentos	183
Emprestar	184
Saber a verdade	185
Acusar	185
Ser acusado	188
Viagens à província ou ao estrangeiro	191
Os livros teóricos	194

Axiomas 199

Em resumo 203

Simula, dissimula	203
Não confies em ninguém	204
Fala bem de todo o mundo	205
Reflete antes de agir	206

Apresentação
O PODER E SEUS MICROMECANISMOS
por Bolívar Lamounier

Franqueza e cinismo são palavras que se repelem, e este é o paradoxo: em Mazarin elas parecem se fundir com extraordinária perfeição. Como ocorre essa junção de extremos? A explicação que logo nos vem à mente é que Mazarin trata apenas e tão somente da *eficácia*, deixando de lado os fins últimos, da ação política. De fato, perderá o seu tempo quem vier a este texto com o intuito de se ilustrar sobre o bem comum, a justiça, a paz ou qualquer outro objetivo tido como desejável por alguma comunidade. Nenhuma das 62 seções deste seu "Breviário" pergunta a que fins servia na França setecentista, serviu no passado ou deveria no futuro servir o poder político. A atenção de Mazarin volta-se exclusivamente para os meios a que um indivíduo deve recorrer para preservar ou aumentar seu poder. Sua concentração nesse ponto é tamanha que chega a imprimir uma tonalidade algo sinistra à máxima *conhece-te a ti mesmo*, que encima o primeiro capítulo. Nas mãos de Mazarin ela perde sua conotação humanística e se torna incomodamente estreita, designando apenas aquele conhecimento prático de sua própria "imagem" que todo político precisa ter, se quiser ter êxito na busca de apoios ou na manipulação de outras pessoas. *Conhece aos outros*: consistente com o primeiro, o segundo capítulo diz que o político precisa prestar meticulosa atenção aos seus possíveis adversários, a ponto mesmo de prever-lhes os movimentos. Ou seja, a eficácia que interessa a Mazarin é eficácia na busca e no exercício do poder. Nisto ele não se distingue de Maquiavel e de outros que, a partir da Renascença, o precederam na tentativa de decifrar o poder como fruto do convívio humano, livre de interferências divinas. Onde ele se distingue de seus predecessores é na crueza ainda maior com que expõe suas conclusões. Realmente, o texto ora nos desconcerta, como se estivéssemos a ouvir a confissão surpreendentemente franca de um homem muito mau, cínico e totalmente alucinado pelo poder (e há quem diga que assim era efetivamente o cardeal Mazarin), ora nos soa como pilhéria, como discurso de quem contempla a política de longe, sem disposição para nela sujar as mãos, mas arguto o suficiente para esmiuçar-lhe a lógica e escancarar-lhe as entranhas, com o objetivo de divertir, ou, quem sabe, de preparar nossa alma para algum ensinamento moral.

Na verdade, o texto de Mazarin não é nada disso. Não é puro cinismo, nem pilhéria, nem sub-reptícia pregação moral — embora tenha muito do primeiro e talvez um pouco dos outros dois ingredientes. Para bem entender este *Breviário*, parece-me imprescindível começar situando-o em seu quadro histórico. Que mundo "político" é esse a que se refere o cardeal Mazarin? A que "políticos" se dirige? Em que consistiam — na França de meados do século XVII — a carreira e a atividade políticas?

Dizer que o *Breviário* de Mazarin é flor colhida nos jardins do "absolutismo" é chover no molhado. Importante é entender que o termo absolutismo designa a hipertrofia do poder de alguns monarcas individualmente, ou de suas respectivas dinastias, e não a plenitude institucional daquela grande estrutura que fomos aos poucos identificando como o Estado moderno. Na verdade, a importância que Mazarin atribui a pequenos expedientes de manipulação — e a espantosa meticulosidade com que os decifra — são sintomas da debilidade, não da robustez institucional do Estado francês, ou de qualquer Estado europeu, em meados do século XVII. O absolutismo é uma das formas iniciais do Estado moderno, não o Estado moderno plenamente configurado — e muito menos, é óbvio, o moderno Estado democrático, sujeito a controles jurídicos e fundado em eleições periódicas, no funcionamento regular de parlamentos autônomos e em partidos políticos em competição pela preferência dos eleitores. Se as próprias fronteiras nacionais — atributo fundamental do Estado-nação — continuavam instáveis, como imaginar, na Europa do século XVII, que o acesso e a investidura de indivíduos privados em funções dotadas de autoridade pública já estivessem balizados por regras jurídicas firmemente estabelecidas, ou que existissem organizações políticas e burocráticas sedimentadas o suficiente para assegurar a tais indivíduos segurança e legitimidade em seu exercício? É claro que nada disso estava configurado, e se não estava, de que "política" estamos falando? Esse é o ponto básico. No sentido moderno, próprio dos Estados constitucionais, a política é uma atividade limitada quanto aos meios e aos fins; é, como se costuma dizer, uma "carreira", um conjunto identificável de papéis que devem ser exercidos e de trajetórias que devem ser percorridas por aqueles que aspirem a exercer funções públicas. É por meio desse conjunto de papéis e atividades que a sociedade regula e delimita o exercício do poder, para que o recurso à força ocorra somente como *ultima ratio*, isto é, quando os procedimentos estabelecidos de negociação e pressão se revelarem insuficientes. Na época de Mazarin, a hipertrofia do poder pessoal — e a própria tentativa de legitimá-la apelando ao direito divino dos monarcas — refletia a quase total incipiência de todo esse mecanismo institucional que hoje nos parece tão óbvio (e que alguns até imaginam que esteja entrando em obsolescência histórica). Inexistindo o Estado constitucional moderno, tampouco poderia existir a política como hoje a entendemos: como uma carreira ou atividade regular; e menos ainda a figura histórica do homem comum como cidadão-eleitor, visto que os grandes eleitorados de massa só começam a surgir a partir do início do século XX, mesmo na Europa. Uma primeira conclusão, portanto, é que os destinatários do *Breviário* de Mazarin eram políticos, mas não políticos no sentido que hoje emprestamos a essa palavra. Os políticos de nossa época se definem em relação a um arcabouço constitucional preestabelecido: são políticos *no* Estado, ou em relação ao Estado. Os políticos de Mazarin, em comparação, seriam políticos antes do Estado. Se não fosse o risco de atribuirmos ao cardeal uma clarividência excessiva, poderíamos até dizer que eram *avant la lettre*: políticos que ele aparentemente desejava formar, como se vagamente antevisse a necessidade de um verdadeiro Estado, e consequentemente de uma classe política, para que o exercício do poder se distanciasse cada vez mais do recurso à violência.

Mazarin sucedeu a Richelieu em 1642: mesmo ano, por coincidência, em que tiveram início, na Inglaterra, as guerras civis inglesas, que levariam poucos anos depois à decapitação do rei Carlos I. Oportunidade instigante, como se vê, para um homem de Estado que se inclinasse a entender o "estado de natureza" e a "guerra de todos contra todos" como uma possibilidade real, e não apenas como a construção filosófica abstrata de uma situação-limite. Mas se Mazarin tivesse de chegar ao entendimento da paz pelo caminho da guerra, poderia tê-lo feito bem antes e sem necessidade de olhar para o outro lado da Mancha. Bastar-lhe-ia refletir sobre conflitos recentes da própria França, como, por exemplo, aqueles que levaram ao morticínio conhecido como massacre da noite de São Bartolomeu (1572). Não suscito aqui essas hipóteses para contrapor a figura imaginária de um Mazarin mais construtivo e algo pacifista à suposição mais frequente de que ele teria sido um homem de péssima índole. Suscito-as apenas como preâmbulo ao inevitável debate ético a que somos levados ao ler este seu *Breviário*. A questão é esta: se não havia realmente Estado, no sentido moderno, e tampouco a política como atividade regular, voltada para a acomodação não beligerante dos conflitos e da luta pelo poder, que juízo ético nos é dado emitir sobre o que nos parece ser o manifesto cinismo do texto de Mazarin? Esta, na verdade, é a mesma questão que há séculos temos debatido a propósito do "maquiavelismo" de Maquiavel — que não pode ser descuidadamente transposto para a nossa época e confundido sem mais aquela com o eventual cinismo de algum discurso político contemporâneo. Como Maquiavel, como Hobbes, como tantos outros, o que Mazarin parece estar dizendo é que a ideia de uma ética política pressupõe a ideia, ou melhor, a realidade de uma ordem, ou de uma esfera pública razoavelmente institucionalizada; ordem essa, por sua vez, que pressupõe um centro de poder estável e organizado. A diferença, se existe, é que Maquiavel dispunha de modelos (na história de Florença e na antiga Roma) do que lhe parecia dever ser a encarnação dessa ordem, ou desse centro de poder, enquanto Mazarin não se dirige a nenhum "príncipe" em particular. Talvez seja esse o traço que levou Umberto Eco a ver uma qualidade paradoxalmente "democrática" no texto de Mazarin. De fato, seu destinatário não parece ser um indivíduo, e sim um coletivo. Arrisco-me a conjecturar — e repito que o faço em busca da consistência interna do texto, não para pintar um

Mazarin benévolo — que esse coletivo seria uma "classe política" em potencial, isto é, um conjunto ou categoria de indivíduos em princípio aptos a organizar o poder e a exercê-lo sem recurso exagerado ou desnecessário à violência, mas carentes de clareza a respeito de como o poder se constitui, emergindo a todo momento na atmosfera difusa das relações interindividuais.

Um indício favorável à interpretação que venho de esboçar é que Mazarin evita a grandiloquência, raramente recorre a paralelos históricos e faz questão de se exprimir de maneira direta e com extrema simplicidade. O tom quase coloquial do texto parece calculado para trazer Maquiavel para um plano ainda mais rente à terra. O que ele pretende demonstrar não é apenas que o poder não é fruto de causas transcendentes ou supraindividuais: é que cada indivíduo pode construir algum poder para si, visto que o poder brota direta e continuamente de seus relacionamentos, como algo inerente à multiplicidade de relações interindividuais que constitui a vida de cada um. O tom coloquial conduz o foco do texto para situações e relacionamentos facilmente identificáveis, como se pretendesse demonstrar que essas interações cotidianas contêm dentro de si o combustível de que um indivíduo precisa para se distinguir dos outros como um "poderoso". Distinguir-se como poderoso e preservar essa condição naquele ambiente — o único que Mazarin conhecia — onde a "guerra de todos contra todos" parecia sempre próxima mas *sem chegar ao extremo de exercer ele mesmo e diretamente a violência*. Mazarin quer mostrar o que esse indivíduo deve e não deve fazer para obter a cooperação de outros, para conseguir para si uma parcela de um poder maior, não regulado ou muito precariamente regulado por regras preestabelecidas, e eventualmente para consolidar uma situação de predomínio. Linguagem, como se vê, que soa subjetiva e pessoal, mas que pode ser plausivelmente interpretada como o reverso individual ou microssocial daquele grande processo histórico a que chamamos de "construção do Estado". Nesse sentido, a questão ética que se pode suscitar a propósito do texto de Mazarin não é diferente da que se tem continuamente suscitado, por exemplo, a propósito de Hegel. Inúmeros críticos acusaram Hegel de absolutizar, e mesmo de deificar o Estado constitucional moderno, como se uma ética política só pudesse ser concebida em seu âmbito — não antes ou à margem dele. Sem uma ordem racionalmente estabelecida, o discurso ético se tornaria (segundo essa leitura) insubsistente e a-histórico — ou seja, abstrato, no mau sentido desse adjetivo. Dizer o mesmo de Mazarin, em sentido literal, seria ler demais em seu texto, já que ele não percebeu efetivamente o advento do Estado moderno como um novo indivíduo histórico. Mas seu tom de sistemático cinismo suscita a mesma questão. Inexistindo essa ordem, esse arcabouço público e jurídico a que chamamos Estado, ou outra equivalente que, ao limitar os meios, nos permita especular racionalmente sobre os fins, de que estamos falando, quando emitimos juízos éticos sobre a atividade política?

Que dizer, porém, da interpretação oposta: a de que a "atualidade" de Mazarin, assim como a de Maquiavel, consistiria justamente em haver dissecado a eterna perversidade da política, ou seja, um substrato de manipulação, malícia e maldade que lhe seria inerente e necessário? Nestes tempos antipolíticos em que vivemos, não há como negar a alta condutibilidade atmosférica dessa interpretação ("os políticos são sempre os mesmos", "já os conheço" etc.), e por isso quero concluir reconhecendo certa parcela de verdade nessa interpretação, para depois recusá-la.

O que Mazarin fez, na verdade, foi compor um retrato antecipado daqueles que, no virtual "estado de natureza" hobbesiano que era a estrutura política de seu tempo, pretendessem exercer com eficácia uma parcela de poder, ou aspirassem a se tornar governantes em nível elevado. Na perspectiva de hoje, quanto mais avançado o estágio civilizatório de um país, mais esse retrato haverá de nos soar estranho, para não dizer inútil, e até contraproducente. Num Estado constitucional moderno, numa democracia digna do nome, alguém que se propusesse a seguir fiel e sistematicamente as recomendações de Mazarin não teria tempo para mais nada, provavelmente diluiria aquele núcleo de identidade no qual se ancoram as relações de confiança mútua e chegaria, por conseguinte, ao ponto oposto daquele que buscava: à completa ineficácia. Acabaria sendo visto como um paranoico *full-time*, um desastrado que não atinge seus fins justamente porque os persegue com excessiva voracidade. Dito isso, é preciso reconhecer que o *Breviário* de Mazarin retrata um aspecto ao que tudo indica permanente e inevitável da atividade política. De fato, um microcosmo hobbesiano persiste — e acho que existirá sempre — em toda grande organização — e aqui me refiro não apenas a instituições políticas, como os parlamentos e partidos, mas também a organizações burocráticas, econômicas, militares, educacionais e até religiosas —, mesmo nos Estados mais civilizados e democráticos. Sob o teto e nos corredores altamente formalizados e codificados das grandes organizações, tenham estas finalidade utilitária ou altruísta, continua a existir "microfísica" do poder, isto é, um contínuo processo de diferenciação entre pequenas influências, cuja resultante ou somatória pode eventualmente produzir alguma inflexão particular na lógica macroinstitucional do poder. Nesse micromundo informal a que me refiro, quem quiser exercer influência na fixação de prioridades ou na alocação de recursos, agilizar ou tentar esterilizar a implementação de decisões, ver-se-á inexoravelmente diante da necessidade de "agir politicamente": ou seja, de ganhar espaços, obter apoios, se impor, conquistar ou preservar posições hierárquicas. Posições essas — convém repetir — que surgirão sempre, em maior ou menor medida, como referências para o debate ético, se entendermos que a ética diz respeito à responsabilidade por ações (ou omissões), e portanto a agentes efetivamente detentores de alguma parcela de poder. Quem quiser fazer o bem terá de buscar o poder, tanto quanto quem quiser fazer o mal. Nesse sentido, Mazarin é mais que um Hobbes visto pelo lado subjetivo: é também um precursor daquela longa estirpe de sociólogos (de Georg Simmel a Peter Blau) que tenta entender a emergência do poder, não tanto nas relações entre grandes agregados sociais, como classes sociais ou grupos profissionais, mas já a partir das relações interindividuais. Mais uma vez, o caráter paradoxalmente "democrático" deste *Breviário*: o "príncipe" nele implícito não tem necessariamente sangue real, não pertence necessariamente a nenhuma dinastia. Ele está por toda parte. É qualquer um que pretenda conquistar e exercer uma parcela de poder, infinitesimal que seja, para qualquer fim.

Prefácio
OS SINAIS DO PODER
por Umberto Eco

Sejamos sinceros. Aquilo que sabíamos do cardeal Mazarin (além de um nome nos livros didáticos vislumbrado por volta do final da guerra dos Trinta Anos) tínhamos aprendido com o Dumas de *Vinte anos depois*. Cardeal mais do que odiado, figura desprezível de calhorda e simulador em confronto com seu famoso antecessor, o grande Richelieu que sabia atacar os inimigos e promover a capitão os mosqueteiros que o mereciam. Mazarin mente, falta com a palavra dada, demora para pagar as dívidas, manda envenenar o cachorro do duque de Beaufort que tinha sido adestrado para se recusar a pular em sua honra. É um italiano sórdido, e Beaufort caracteriza-o como "o ilustríssimo carregador Mazarin". É vil, desonrado, covarde e está sempre enfiado na cama de Ana da Áustria, que em outros tempos soubera amar homens da estirpe de Buckingham. Será possível que Mazarin fosse tão mesquinho? Por outro lado sabemos que Dumas, quando falava de personagens históricos, não inventava: carregava nas cores, dramatizava, mas seguia as fontes, os cronistas, os memorialistas, mesmo quando esboçava os personagens fictícios, imaginem então com um homem da envergadura de Mazarin. Assim sendo, confiávamos nele.

Não sei se Dumas conhecia este *Breviário dos políticos*. Poderia, porque a pequena obra saiu em latim em 1684, por um improvável editor de Colônia, mas foi amplamente traduzida e circulou pelos séculos seguintes. Pode ser que tenha só ouvido falar. Porque ao se falar sobre, ao resumi-lo em poucas palavras, pode se fazer com que aflore o Mazarin do Dumas, de um maquiavelismo barato que se empenha em combinar seu próprio aspecto exterior, seus próprios festins, as próprias palavras e os próprios atos, de maneira a cair na graça dos patrões e colocar em encrenca os próprios inimigos, atirando a pedra e escondendo a mão. Mas, lendo bem, o personagem que aflora, apesar de continuar sendo aquele que Dumas flagrou, pelo menos nos surpreende pela complexidade, pela sabedoria, pelo elevado rigor teórico da sua calculada e humaníssima mesquinhez.

O livro, dirão, não é seu, surge como uma antologia das suas máximas, proferidas ou, que seja, praticadas. Por que então não lê-lo como uma sátira, da mesma maneira como Maquiavel foi por muitos interpretado, como obra de um moralista perspicaz que fingindo dar conselhos ao príncipe apara-lhe os excessos e aos demais o revela? Contudo, o fato é que, seja lá quem tenha escrito o libelo, se não foi Mazarin, foi alguém que levava a sério o que escrevia, já que no Seiscentos — como lembrava Croce na *Storia dell'età barocca in Italia* — "a arte de simular e dissimular, da astúcia e da hipocrisia era, pelas condições não liberais da sociedade da época, abundantemente praticada, e fornecia material para os inumeráveis tratados de política e de prudência".

O livro de Maquiavel era mais um tratado de imprudência, o ousar proclamar em voz alta o que o Príncipe deveria fazer para o bem comum. Mas no meio há a Contrarreforma e a casuística jesuíta:

os pequenos tratados do Seiscentos não ensinavam nada além de como se defender em um mundo de príncipes desleais e, naquela altura, conscientemente maquiavélicos em excesso, para salvar a própria dignidade interior, ou a própria integridade física, ou ainda para fazer carreira.

Antes deste breviário de Mazarin aparecem, na cena cultural, dois outros, bem mais conhecidos: *Oráculo manual ou arte da prudência* de Baltasar Gracián (1647) e o *Da dissimulação honesta* de Torquato Accetto (1641). Havia no que se inspirar, mas o breviário de Mazarin parece original pelas suas intenções despudoradas. Gracián e Accetto não eram homens de poder, e a dolente meditação que faziam diz respeito às técnicas com as quais, numa época difícil, se poderia defender-se dos poderosos. Para Gracián o problema estava em como se harmonizar com seus semelhantes sofrendo o menor dano possível (ele que sofreu tantos na vida, não tendo sido tão prudente quanto pregava) e para Accetto a questão não era *simular* aquilo que não se é (que teria sido engano) mas *dissimular* o que se é, para não irritar demais os outros com as próprias virtudes (seu problema não era como provocar dano mas como não o sofrer). Mazarin está longe disso tudo: compõe o programa de um homem que, aprendendo o modo de cativar os poderosos, de se fazer gostar pelos próprios sujeitos, de eliminar os inimigos, mantém solidamente nas mãos, com técnicas simulatórias, o poder.

Simulação, não dissimulação. Mazarin (ou quem escreveu o pequeno livro) não tem nada para dissimular: nada, porque ele é só aquilo que produz como imagem externa. Observe-se o primeiro capítulo, simuladamente intitulado "Conhece-te a ti mesmo". Começa com um aforismo sobre a necessidade de se autoexaminar atentamente para ver se se tem alguma paixão no ânimo (por outro lado, aqui também a pergunta não é "quem sou?" mas "como me manifesto para mim mesmo?") e logo em seguida continua, com outras máximas, a desenhar um eu mesmo que é máscara, sabiamente construída: Mazarin é aquilo que consegue aparecer para os outros. Ele possui uma clara noção do sujeito como produto semiótico; Goffman deveria ler este livro, é um manual para a total teatralização do "eu mesmo". Aqui se delineia uma ideia de profundidade psíquica feita toda ela de superfícies.

Encontramo-nos diante de um modelo de estratégia "democrática" (na era do absolutismo!), já que são pouquíssimas, e equilibradas, as instruções sobre como ter poder produzindo violência; e, de qualquer modo, jamais diretamente, sempre por meio de um terceiro. Mazarin nos dá uma esplêndida imagem de como obter poder pela pura manipulação do consenso. Como agradar, não só ao próprio patrão (preceito fundamental) e não só aos próprios amigos, mas também aos próprios inimigos, a serem celebrados, acariciados, convencidos da nossa boa vontade e boa-fé, de modo que morram, mas nos abençoando.

Gostaria ainda de insistir sobre o fundamental primeiro capítulo. Em nenhuma das suas máximas deixa de usar um verbo de aparência: dar sinal, fazer acreditar, revelar, olhar, observar, passar por... Mesmo as máximas que dizem respeito aos outros baseiam-se nos sintomas, nos signos reveladores, tanto no que diz respeito aos países, às cidades, às paisagens como aos amigos e inimigos.

Como perceber se alguém é mentiroso, se ama outrem, se o abomina; e as instruções são muito sutis, como por exemplo: fala mal do seu inimigo, e observa seu comportamento e como reage. E as técnicas para descobrir se alguém sabe manter um segredo, mandando até ele um outro que o provoque e demonstre saber do que se trata, para ver se o primeiro se deixa levar ou antepõe uma máscara impenetrável, como aquela que Mazarin se empenha em construir para si, chegando a sugerir como se deve escrever uma carta na presença de outros de maneira que estes não possam lê-la, e como mascarar aquilo que se lê, e mais, como se fazer passar por homem sisudo ("Não dês a impressão de encarar teu interlocutor, não esfregues nem franzas o nariz [...]. Sê econômico em teus gestos, mantém a cabeça erguida e um tom um pouco sentencioso. [...] Que ninguém presencie [...] tuas refeições").

E faça sempre com que seu adversário execute de boa vontade aquilo a que se quer conduzi-lo: "Se alguém disputa uma honraria que também cobiças, envia-lhe secretamente um emissário que, em nome da amizade, o dissuada, mostrando-lhe os múltiplos obstáculos que de toda forma ele teria de enfrentar". E esteja preparado para todas as insídias, e para contra-atacá-las: "Diariamente, [...] dedica um momento a estudar como reagirias diante desse ou daquele acontecimento", o que é, aliás, a moderna teoria dos "cenários" de guerra e de paz, só que o Pentágono usa os cérebros eletrônicos. E ensina-se até mesmo como fugir com bons resultados da prisão (já que tudo pode acontecer a um homem de poder) e como estimular panegíricos à sua própria honra que sejam breves e custem pouco, de maneira que todos possam conhecê-los. E como dissimular a riqueza ("queixa-te a todo momento de não teres [dinheiro] o bastante", e aqui Dumas flagrou o seu personagem) mas não sempre, dependendo do caso, e eis que de repente o nosso autor nos surpreende com uma descrição de um jantar perfeito para deixar os convidados estupefatos, impossível de resumir e que é um exemplo do melhor teatro barroco.

Mas enfim, chega de admiração. Livros do gênero são lidos para que se tire algum proveito. Mas não acreditem que possa servir-lhes para se tornarem homens de poder, e não porque suas máximas não sejam boas; estão todas corretas. É que este livro nos descreve aquilo que o homem de poder *já sabe*, talvez por instinto. Nesse sentido não é só um retrato de Mazarin: usem-no como identificador de perfis para a vida cotidiana. Encontrarão aí muitas das pessoas que conhecem, por tê-las visto na televisão ou por tê-las encontrado no trabalho. A cada página dirão: "Mas este aqui eu conheço!". Naturalmente. Os Mazarin tornam-se famosos e jamais declinam. O poder consome só a quem ainda não sabe dessas coisas.

Cardeal Mazarin

BREVIÁRIO
DOS POLÍTICOS

Notas de rodapé de François Rosso

INTRODUÇÃO

Como o fazia a mais antiga e a mais pura filosofia, fundamentamo-nos hoje sobre dois grandes princípios.

Os antigos diziam: contém-te e abstém-te. Nós dizemos: simula e dissimula; ou ainda: conhece-te a ti mesmo e conhece os outros — o que, salvo erro de minha parte, equivale exatamente à mesma coisa. Começaremos por examinar o segundo desses princípios, e depois, abordando as diferentes ações humanas, voltaremos ao primeiro na segunda parte desta exposição — sobre a qual esclareço que não seguirá nenhum plano preestabelecido, tanto é verdade que apenas o acaso determina as ações dos homens.

Primeira parte

Conhece-te a ti mesmo

És de um temperamento colérico, demasiado tímido ou demasiado audacioso, ou então dominado por uma paixão qualquer? Quais são as falhas de teu caráter, os erros que podes reconhecer em tua maneira de te comportar, na igreja, à mesa, na conversação, em volta de uma mesa de jogo e nas diferentes atividades, em particular as que se praticam em sociedade?

Primeiro, examina-te fisicamente. Tens o olhar insolente, a perna ou o pescoço rígidos demais, a sobrancelha que se franze, os lábios excessivamente frouxos, o andar muito lento ou muito apressado? Se é assim, convém corrigir-te.

Passa em seguida às pessoas que gostas de frequentar. Têm elas boa reputação? São ricas? Avisadas?

Pergunta-te em que ocasiões tens tendência a perder o controle de ti mesmo, a deixar-te levar por desvios de linguagem e de conduta. Quando bebes demais durante um banquete. Quando gracejas. Quando uma infelicidade te aflige. Em suma, aqueles momentos em que, como escreve Tácito, "as almas dos mortais são vulneráveis".

Não és um frequentador de certos lugares suspeitos, bons para o vulgo, mal-afamados, em suma, indignos de ti?

Deves aprender a vigiar tuas ações, e a jamais relaxar essa vigilância. É a isto que te ajudará a leitura deste pequeno livro: a considerar sempre cuidadosamente em que lugar e em que companhia te encontras e que circunstâncias te levaram a isso, a te conduzires em conformidade à tua posição e em conformidade à posição das pessoas com quem lidas. É essencial que estejas consciente de todas as tuas falhas e que portanto te vigies.

Saibas desde o início que, toda vez que nos deixamos levar por uma tendência ruim, é eficaz impor-se uma prova. Por exemplo, se alguém te lançou palavras ofensivas e sentes tua bílis ferver, faz de modo que nada revele tua cólera. Enquanto as circunstâncias tornarem ineficaz qualquer demonstração de animosidade, contém-te e não procures te vingar. Finge, ao contrário, não ter sentido nenhuma ofensa. Aguarda tua hora...

Arranja-te para que teu rosto jamais exprima nenhum sentimento particular, mas apenas uma espécie de perpétua amenidade. E não sorrias ao primeiro que chega sob pretexto de que recebeste dele um sinal de amizade qualquer.

Outra regra: deves ter informações sobre todo o mundo, não confiar teus próprios segredos a ninguém, mas colocar toda a tua perseverança em descobrir os dos outros. Para tanto, espiona todo o mundo, e de todas as maneiras possíveis.

Jamais digas nem faças nada que possa infringir o decoro, pelo menos em público; pois mesmo se ages espontaneamente e sem más intenções, estejas certo de que os outros, eles, terão sistematicamente más intenções. O melhor é manter sempre uma atitude reservada, embora observando discretamente o que se passa. Cuida, de resto, que tua curiosidade não ultrapasse o limite de teus cílios.

É assim, parece-me, que se conduz um homem avisado e bastante hábil para se precaver contra qualquer desagrado.

E CONHECE OS OUTROS

A doença, a embriaguez, os banquetes, os momentos de descontração e de riso, os jogos a dinheiro, as viagens — em suma, todas as circunstâncias em que os espíritos tendem a afrouxar as rédeas, em que os corações se abrem e em que, poderíamos dizer, as feras se deixam atrair fora de suas tocas — serão outras tantas ocasiões para recolheres informações preciosas sobre uns e outros. O mesmo ocorre em relação à dor, sobretudo quando uma injustiça é sua causa. Convém saber aproveitar tais situações, frequentando então mais assiduamente aqueles sobre os quais desejas saber mais. Perceberás também que é bastante útil aproximar-se de seus amigos, seus filhos, seus familiares — sem esquecer seus domésticos, que se deixam corromper facilmente por pequenos presentes em troca dos quais se dispõem a fornecer inúmeras informações.

Se suspeitas que alguém tem uma opinião formada sobre um assunto mas não quer se manifestar a respeito, sustenta o ponto de vista oposto durante uma conversação. Se tua opinião for de fato contrária à dele, dificilmente, apesar de toda desconfiança e circunspecção, ele conseguirá não se trair levantando objeções e fazendo observar que sua opinião é igualmente defensável, e portanto deixar te revelar o fundo de seu pensamento mostrando que tem uma opinião diferente da tua.

Eis agora um bom método para descobrir os vícios de alguém. Conduz inicialmente a conversação sobre os vícios mais comuns, e depois, mais particularmente, aborda os que julgas atingirem teu interlocutor. Ele não terá palavras suficientemente duras para reprovar e denunciar o vício do qual ele próprio é a presa. Assim vemos com frequência pregadores fustigarem com a maior veemência os vícios que eles mesmos praticam.

Para desmascarar um tratante, consulta-o sobre um assunto, e depois, tendo deixado passar alguns dias, volta a lhe falar do mesmo assunto. Se, na primeira vez, ele quis te induzir em erro, a opinião que te dará na segunda vez será diferente: a divina Providência quis que fôssemos prontos em esquecer nossas mentiras.

Finge estar bem-informado sobre um assunto do qual, em realidade, não sabes grande coisa, em presença de uma pessoa que tens motivos de supor que ela está perfeitamente a par: ela se trairá corrigindo tuas afirmações.

Quando um homem é atingido por um grande desgosto, aproveita essa ocasião para adulá-lo e consolá-lo. É com frequência em tais circunstâncias que ele deixará transparecer seus pensamentos mais secretos e que mais bem oculta.

Conduz as pessoas — sem que elas o percebam — a te contarem sua vida. O melhor meio para chegar a isso é fingir que contas a tua. Elas te confiarão como conseguiram enganar os outros, o que será muito valioso para interpretar seu comportamento atual. Mas da tua vida mesmo, naturalmente, toma o cuidado de nada revelar.

Eis como saber quais são as capacidades verdadeiras de um indivíduo. Põe-lhe, por exemplo, um pequeno poema sob os olhos. Se ele se mostra entusiasmado quando os versos não são excelentes, saberás que não é entendido em poesia. Do mesmo modo, poderás apreciar se ele é um fino gastrônomo oferecendo-lhe pratos para degustar etc. É um bom meio de averiguar seus conhecimentos.

Pode ser útil, em sociedade, organizar um pequeno jogo cujos participantes fingem debater um assunto sério. Cada um terá oportunidade então de mostrar seus talentos e suas qualidades de julgamento — pois brincadeira e gracejo encerram sempre um fundo de verdade.

Poderás mesmo, se a ocasião se apresentar, imitar os médicos, misturando ao alimento destinado a alguém um daqueles filtros que provocam a euforia e soltam a língua.

A marca mais reveladora da vilania, num homem, é que ele se contradiz com frequência. Saibas que um homem que se contradiz não relutará em te roubar.

Em troca, não há muito a temer dos que incomodam a todos de tanto alardear seu próprio elogio. Mas receia aqueles excêntricos de aspecto taciturno e rabugento que se comprazem em pronunciar em voz alta e sentenciosa intermináveis discursos. Poderás reconhecê-los por suas unhas cortadas muito rente e por sua maneira de ostentar mortificações que de maneira nenhuma se inspiram num sentimento religioso sincero.

Quanto aos novos-ricos, nascidos na sarjeta, é por sua obsessão pelos belos adereços e pelos festins refinados que os reconhecerás. A experiência da miséria leva a cobiçar as satisfações materiais muito mais que as honrarias.

Lembra-te sempre que os homens cuja vida é dominada pelos prazeres do vinho ou da carne são quase incapazes de guardar um segredo: uns são escravos de suas amantes, os outros, após beberem, não conseguem se impedir de falar a torto e a direito.

Eis como fazer cair em sua própria armadilha os contadores de histórias e os fanfarrões que te narram suas viagens, suas campanhas e suas existências aventurosas, gabando-se de inumeráveis façanhas e afirmando terem passado longos períodos nesse ou naquele lugar. Anota bem tudo o que eles contam, faz a soma dos anos que isso representa, depois pergunta-lhes oportunamente quando começaram sua carreira heroica, quando esta se encerrou, e finalmente qual é sua idade. Verás então que nada combina.

Podes também fazer-lhes perguntas sobre uma cidade imaginária cujo nome terás inventado, interrogando-os sobre o número de palácios lá existentes, ou sobre a célebre fortaleza que a domina... Podes ainda, fingindo conhecer tudo da vida deles, felicitá-los por terem saído incólumes desse ou daquele perigo — imaginário, evidentemente!

Reconhecerás a virtude e a piedade de um homem na harmonia de sua vida, em sua ausência de ambição e em seu desinteresse pelas honrarias. Nele não há falsa modéstia, nem premeditação nas palavras ou no comportamento. Ele não finge falar num tom imperturbavelmente suave, ostentando mortificações puramente superficiais, como aqueles que repetem, a quem quer ouvi-los, que mal comem e bebem...

Os melancólicos de tez biliosa, assim como os fleugmáticos, têm o hábito de declarar abertamente que são desprovidos de ambição e de orgulho. De fato, podemos ofendê-los sem que isso tenha consequências, pois se reconciliam imediatamente conosco.

Um homem astucioso se reconhece com frequência por sua doçura afetada, por seu nariz adunco e seu olhar penetrante.

Para avaliar a sabedoria e a inteligência de alguém, finge consultá-lo sobre um assunto delicado. Por suas opiniões, saberás além disso se ele tem ou não o espírito de decisão.

Desconfia de um homem que faz promessas fáceis: é geralmente um mentiroso e um pérfido.

Poderás facilmente julgar a capacidade de um homem de guardar um segredo se ele não te revela os segredos de outrem sob pretexto de amizade. Um excelente método é enviar-lhe um homem teu que lhe faça confidências, para ver se ele vem te contá-las em seguida, ou que procure fazê-lo revelar segredos que lhe confiaste. Lembra-te que um homem se deixa facilmente levar às confidências com a mulher ou o rapaz por quem está apaixonado, e também com os poderosos deste mundo, ou os príncipes que lhe concedem favores. De qualquer maneira, se alguém te revela os segredos de um outro, guarda-te de confiar-lhe mesmo a mínima parte dos teus, pois estejas certo de que ele se conduzirá com seus íntimos como se conduziu contigo.

É útil, de vez em quando, interceptar as cartas destinadas a teus subordinados. Depois que as tiveres lido com atenção, cuida que elas lhes sejam entregues para que não suspeitem de nada.

Um homem de uma elegância muito rebuscada é com frequência um efeminado que carece de força moral.

Um verdadeiro soldado não porta armas com adornos muito delicados. Assim também um artista consumado não utiliza ferramentas muito lindas nem muito elaboradas — a menos que tenha a desculpa da extrema juventude. Quanto ao verdadeiro erudito, ele não dedica seu tempo a divertimentos fúteis, nem a brilhar nos salões.

Um bom meio de reconhecer um bajulador:

conta-lhe que és o autor de uma ação ignóbil fingindo orgulhar-te dela como de uma façanha. Se ele te felicita, é um bajulador. Um homem sincero se absteria pelo menos de comentários.

Para desmascarar um falso amigo, envia-lhe um homem teu que, seguindo instruções tuas, lhe anunciará que estás à beira da ruína e da desgraça, que os documentos que fundavam tua posição neste mundo se revelaram sem valor. Se ele escutar teu emissário com indiferença, deve ser banido do número de teus amigos.

Mesmo assim, envia-lhe outro mensageiro que lhe pedirá de tua parte sua ajuda e seus conselhos: verás sua reação. Mas quando tiveres as provas de sua deslealdade, finge não acreditar numa só palavra de tudo o que te tiverem contado a respeito dele.

Reconhecemos as pessoas incultas em seu gosto pelo pomposo e o espalhafatoso na decoração e no mobiliário de sua casa. Além disso, quando alguém comete um erro de gramática, elas riem abertamente a fim de que ninguém possa ignorar que o notaram.

Desconfia dos homens de baixa estatura: eles são teimosos e arrogantes.

Para pôr à prova a solidariedade de teus amigos, denigre violentamente um deles em presença de um outro, ou, ao contrário, faz um elogio ditirâmbico dele. Sua reação, silêncio ou frieza, será eloquente.

Aproveita quanto estiveres em companhia numerosa para pedir a cada um sua opinião sobre a melhor maneira de resolver uma questão delicada. As respostas te permitirão fazer uma ideia precisa dos diferentes caracteres e dos graus de inteligência de uns e de outros. Pede igualmente conselhos para enganar determinado indivíduo: também nesse caso as diversas sugestões muito te ensinarão sobre a verdadeira natureza de cada um.

Se propões conversar sobre perseguições, por exemplo, saibas que quem mais tem a dizer sobre o assunto é quem mais as sofreu.

A maior parte dos mentirosos têm covinhas nas bochechas quando riem.

Das pessoas muito preocupadas com sua aparência, nada a temer.

Lembra-te que as pessoas muito jovens e os velhos senis te fornecerão de bom grado uma imensidade de informações, e em todos os domínios.

Sobre o mesmo assunto, o tratante apresenta ora uma opinião, ora a opinião contrária, segundo as circunstâncias. Cuidado com ele.

As pessoas que conhecem muitas línguas são com frequência estouvadas, pois sua memória está tão atulhada que sufoca sua faculdade de julgamento.

Quando um indivíduo podre de vícios torna-se bruscamente virtuoso, desconfia: essa mudança repentina oculta seguramente alguma coisa.

Quando suspeitas que alguém espalha aos quatro ventos o que dizes, confia-lhe coisas sem importância, mas inteiramente pessoais e das quais não terás falado a mais ninguém. Divulgadas tuas confidências, saberás quem te traiu.

Certas pessoas sentem prazer em contar seus sonhos. Aproveita essa propensão e lança-as em seu assunto favorito, pedindo a elas todo tipo de detalhes: ficarás sabendo muito sobre os segredos de seu coração. Se, por exemplo, alguém afirma ter afeição por ti, encontra uma ocasião para fazê-lo falar de seus sonhos: se jamais sonha contigo é que não te ama.

Para discernir os verdadeiros sentimentos de outrem a teu respeito, mostra-te particularmente afetuoso, ou, ao contrário, finge a hostilidade. Na maior parte das vezes a reação será muito reveladora.

Não dês a impressão de ter a experiência do vício, e sobretudo jamais reproves com demasiada violência os vícios dos outros: suspeitar-te-iam dos mesmos.

Se um denunciador vem te procurar para lançar acusações contra alguém, finge não apenas estar a par, mas saber muito mais que o denunciador. Sua reação será então acrescentar mais detalhes e esclarecimentos, e ele te revelará uma série de coisas que de outro modo não te teria revelado.

Um homem que fala com voz afetada, pontuando suas frases com tosses curtas, é geralmente um efeminado, entregue em excesso aos prazeres da carne. O mesmo se dá com aqueles sujeitos que vemos sempre embonecados, untados de pomada e bem penteados, que buscam apenas chamar a atenção e espreitam com o canto do olho os rapazes ou as meninas, sobretudo púberes.

Os hipócritas estão sempre prontos a espalhar novidades e boatos. Sistematicamente os verás aprovar tudo o que fazes e, é claro, desempenharão diante de ti a comédia da amizade; mas se em tua presença eles se comprazem em falar mal de alguém, toma cuidado: não tardarão a te tratar exatamente da mesma forma.

Eis como te assegurares de que alguém saberá guardar teus segredos. Escolhe primeiro um homem a quem farás uma confidência sob promessa de sigilo. Depois faz o mesmo com um segundo. A seguir, coloca um terceiro a par de teu estratagema, encarrega-o de reunir os outros dois e de fazer alusão, durante a conversa, ao segredo que lhes confiaste. Poderás assim avaliar o caráter deles e saber qual dos dois te trairá primeiro. Se, tomando conhecimento de que os três são depositários do mesmo segredo, um dos dois permanece calado, saberás que lidas com uma pérola rara e poderás com segurança fazer dele teu secretário.

Um bom método para descobrir os propósitos de alguém é subornar uma pessoa pela qual ele está apaixonado: por intermédio dela, penetrarás suas intenções mais secretas.

Segunda parte
Os homens em sociedade

Nesse caminho que sigo, continuarei
a avançar ao sabor do acaso, sem me
conformar a um plano definido.

Obter o favor de outrem

Observa o que interessa à pessoa cuja amizade procuras, e oferece-lhe presentes relacionados com seus centros de interesse e seu caráter: tratados de matemática, por exemplo, ou *A magia natural ou os milagres da Natureza*,[1] ou ainda as obras de Mizauld.[2]

[1] Livro do físico e escritor João Batista Della Porta (nascido em Nápoles em 1535, morto na mesma cidade em 1615). Cérebro eclético como poucos, no limite da ciência e da magia, da superstição e da fé, não deixa de ser, no entanto, um dos pilares do pensamento científico moderno. O livro aqui mencionado ilustra soberbamente essa personalidade complexa e curiosa. Della Porta é também o autor de um tratado sobre a refração óptica, no qual estabeleceu os princípios que levaram à invenção da câmara escura e, segundo o testemunho do

Visita-a com frequência, pede-lhe conselho, aceita suas opiniões. Mas guarda-te de lhe revelar muito a teu respeito, pois, se eventualmente ela se tornasse teu inimigo, facilmente levaria vantagem

próprio Kepler, em muito contribuíram para a realização do primeiro telescópio. Constantemente assediado pela Inquisição — o papa dissolveu a Academia dos Segredos que ele havia fundado —, foi também autor de comédias como *O astrólogo*, *A furiosa*, *O mouro*, *Dois irmãos rivais*, além de uma tragicomédia, *Penélope*.

[2] Antoine Mizauld (nascido em Montluçon por volta de 1510, falecido em Paris em 1578). Astrólogo, amigo de Marguerite de Valois e de Gui Patin, autor de mais de quarenta obras que receberam grandes elogios do magistrado De Thou — apesar do severo julgamento do historiador Gabriel Naudé, que as considerava "um amontoado de inépcias, de mentiras e de contos pueris". Foi o mesmo Naudé que as deu a conhecer a Mazarin. Sua obra mais célebre, *Nouvelles inventions pour incontinent juger du naturel de chacun par la seule inspection du front et de seus linéaments* [Novas invenções para julgar de imediato o temperamento de cada um pela simples inspeção do rosto e de seus traços] (Paris, 1565), certamente serviu de base às interpretações fisiognomônicas do cardeal. Ele é igualmente o autor de um tratado de astronomia, *Les secrets de la Lune* [Os segredos da Lua].

sobre ti. Não lhe peças nada que ela só possa te conceder a contragosto — como tudo aquilo que se preza. As festas solenes, seu aniversário, a cura de uma enfermidade devem ser ocasiões de lhe enviares teus cumprimentos em poucas frases simples mas graciosamente escritas. Fala-lhe com frequência de suas virtudes; de seus desvios, jamais. Relata-lhe, murmurando-lhe ao pé do ouvido, os elogios que lhe fizeram, particularmente os de seus superiores.

Sob hipótese nenhuma apontarás seus vícios. Tampouco digas nada daqueles que lhe atribuem, não importa o tom com que essa pessoa te solicite isso. Se ela se mostrar muito insistente, finge não poderes conceber que possa haver algum, a não ser muito insignificante. Ou então, cita apenas os que ela própria admitiu diante de ti numa conversa anterior. Com efeito, a verdade nesse domínio — sobretudo se é observada com precisão, e a despeito da delicadeza com que se dê mostras apresentá-la — sempre deixa um gosto amargo.

Sempre que possível, envia-lhe tuas saudações por intermédio de um terceiro, ou nas cartas remetidas a terceiros. Escreve-lhe regularmente. Jamais defendas uma opinião contrária à dela. Cuida de não contradizê-la. Ou, se te permites fazê-lo, deixa-lhe a possibilidade de te persuadir que ela tem razão e, fingindo adotar seu ponto de vista, oferece-lhe a ocasião de pensar que ela te fez mudar de opinião.

Não hesites em dirigir-te com frequência a ela utilizando seus títulos, e mostra-te sempre disposto a apoiá-la em suas iniciativas, mesmo se prevês que não levarão a nada.

Todavia, não procures em hipótese alguma atrair a amizade de alguém imitando seus defeitos, e jamais te conduzas de um modo incompatível com tua condição. Um eclesiástico, por exemplo, deve evitar os gracejos vulgares, os banquetes regados a muito vinho, as palhaçadas... Se se deixasse levar, isso poderia parecer simpático na hora, mas logo em seguida viriam o desprezo e os sarcasmos. Mais tarde, tais erros poderiam mesmo ocasionar ódios tenazes a quem os tivesse cometido. Se é justificado às vezes deixar o caminho reto da virtude, que não seja para tomar o do vício.

Se queres entrar na intimidade de alguém, começa por observar quem tem direito a seus favores entre os membros de seu círculo, quem trama as intrigas, quem tem o privilégio de zombar dos outros. Usa de todos os meios para que cada um te aprecie: eles te serão úteis no futuro. Poderás aproveitar seus conselhos para fazer avançar teus propósitos — sobretudo porque, quando dão conselhos, as pessoas gostam de ver que eles são seguidos de fato — e te apoiarão em teu empreendimento de sedução. Se há alguém de quem desejas vingar-te, trata de desacreditá-lo aos olhos dessas pessoas, de modo que passem a compartilhar teu desejo de prejudicá-lo.

Não toleres que teu mestre te ordene uma ação criminosa: ao cumpri-la, talvez conquistasses sua gratidão no momento, mas em breve ele não veria em ti senão um censor. Além disso, as pessoas de seu círculo pensariam que és perfeitamente capaz de empreender contra elas o que aceitaste fazer contra um outro. De qualquer modo, serias considerado um homem cuja lealdade e a fidelidade se compram. Caso não puderes evitá-lo, embolsa então a recompensa de teu ato e desaparece o mais depressa.

Se queres atrair o favor de alguém, escreve a um terceiro uma carta elogiosa a seu respeito, e deixa-a extraviar-se de modo que seja interceptada e acabe por chegar às mãos do interessado.

No círculo daquele cuja amizade procuras, seguramente encontrarás pessoas cujo maior prazer é agradar. Espiando-as, tenta adivinhar o que lhe agrada e o que lhe desagrada, e age em conformidade. Não hesites em chamá-lo "meu irmão", mesmo se for de uma condição inferior à tua, e honra-o de todas as maneiras — contanto ele tenha uma origem honrosa. Mas evita cumulá-lo do que ele gosta a ponto de enjoá-lo: para suscitar a cobiça, para aguçá-la, é preferível deixar entrever que dar. Guarda a mesma reserva no jogo e na conversação.

Não peças a um amigo para te emprestar seja o que for: pode ocorrer que ele não possua aquilo que dá a entender a todo o mundo que possui, e assim, desmascarado, ele te odiaria. Do mesmo modo, se consentir a contragosto, ou se não recuperar seu bem em perfeito estado, ele guardará rancor de ti. Também nunca compres algo de um amigo: se ele te pedir um preço muito alto, serás trapaceado, se o preço for muito baixo, ele é que será trapaceado. Em ambos os casos, vossa amizade se ressentirá disso.

Para proteger essa amizade, convém tratar bem os servidores de teu amigo, mesmo os mais humildes, caso contrário eles procurarão te desacreditar dia após dia em seu espírito. Pensa nisso por ocasião dos banquetes, quando fores convidado à casa dele. Finge tê-los na maior confiança, e confessar-lhes segredos supostamente importantes. Manifesta que nada te interessa mais que prestar serviço a seu patrão em qualquer circunstância. No entanto, evita mostrar-te excessivamente familiar — eles te desprezariam — e tampouco irritar-te contra eles — eles te odiariam. O melhor meio para que te respeitem? Uma boa dose de gentileza e de distanciamento.

Quando recebes pessoas bem-nascidas, mostra-te sempre benevolente, afetuoso, ameno, mas desconfia de uma humildade excessiva, de uma submissão exagerada — beijarem-te os pés, por exemplo. Exclui de tua companhia os avarentos, eles são servis por natureza.

Se queres atrair a simpatia do povo, promete pessoalmente a cada um gratificações materiais: é isso que lhes importa; as pessoas do povo são indiferentes à glória e às honrarias.

Se um inferior te convida à sua mesa, aceita e não te permitas nenhuma crítica; demonstra em relação a todos uma perfeita cortesia. Mas, descontraído na conversação, conserva um toque de gravidade em tua compostura.

Evita, sem o consentimento deles, apropriar-te de qualquer coisa que lhes pertença, e, se se queixarem de sua sorte, mostra-lhes compaixão.

Confrontado a vários partidos que solicitam tua proteção, reparte cuidadosamente teus benefícios entre todos.

Se não podes evitar criticar certas pessoas, jamais as acuses de falta de juízo ou de competência. Diz, por exemplo, que seus projetos, suas iniciativas merecem elogios em todos os pontos. Faz-lhes observar no entanto as graves dificuldades às quais se expõem, ou o custo elevado de seu empreendimento.

Faz-te sempre o defensor das liberdades do povo.

Observa atentamente o homem do qual queres tornar-te amigo. Tem ele paixões? Armas? Conhecimentos? É uma pessoa clemente? Sincera?

Não intercedas a não ser excepcionalmente junto a teu senhor em favor de outra pessoa: se obtiveres dele um benefício para outrem, será como se o tivesses reclamado para ti mesmo — e é prudente não solicitá-lo com muita frequência para reservar a ti seu favor. Não reveles em nenhuma hipótese os segredos que ele te confiou, perderias sua estima. Se ele te ordena cometer um crime, procura ganhar tempo e achar um meio de te esquivar — simulando, por exemplo, uma doença, alegando que roubaram teus cavalos...

Os servidores daquele cuja amizade procuras, trata-os como amigos. Poderás comprá-los mais facilmente se um dia tiveres necessidade de que traiam seu senhor.

Não importa o método que tenhas empregado para obter o favor de alguém, apega-te ao mesmo para conservá-lo. Se, por exemplo, prestaste-lhe numerosos serviços, terás de continuar prestando-lhe sempre novos, para conservar o favor adquirido sem jamais perdê-lo.

Os amigos dos outros

Faz grande elogios de alguém em presença de um terceiro. Se este permanece calado, é que não é amigo do primeiro. O que também poderás adivinhar se ele desvia a conversa para outro assunto, se responde com indiferença, se procura moderar teus elogios, se se diz mal informado sobre a pessoa em questão ou ainda se introduz no elogio pessoas que nada têm em comum.

Podes igualmente mencionar um ato admirável realizado por essa pessoa — um ato do qual sabes que teu interlocutor está perfeitamente a par — para ver se ele se vale ou não disso para encarecer. Talvez ele reaja dizendo que, nesse caso, é antes a boa sorte que convém felicitar, que às vezes a divina Providência se mostra muito pródiga em benefícios. Ou talvez aproveite para enaltecer façanhas ainda mais notáveis de outras pessoas. Pode também afirmar que teu homem apenas limitou-se a seguir um bom conselho.

Outra possibilidade: envia-lhe uma carta em que invocas o testemunho daquele de quem queres verificar se ele é ou não seu amigo, pedindo-lhe para revelar-te um segredo: conforme ele o revelar ou não, poderás avaliar seus sentimentos verdadeiros. Saúda-o da parte desse suposto amigo, ou anuncia que recebeste dele más notícias, e observa sua reação.

Boa reputação

Jamais esqueças que qualquer um é suscetível de espalhar rumores a teu respeito se, em sua presença, te comportaste — ou falaste — de maneira demasiado livre, ou grosseira. Nesse ponto, não confies sequer num servidor, nem num pajem. As pessoas se baseiam num incidente isolado para generalizar; valem-se disso para fazer-te uma reputação que seja conforme.

Não contes jamais com o benefício da dúvida. Convence-te inclusive do contrário. Portanto é essencial não te descuidares em público, mesmo em presença de uma só testemunha. Não contes, por exemplo, como no passado te sucedeu ser caluniado ou atacado injustamente: tornarias a lançar a ti mesmo na calúnia, pois sempre haverá alguém para espalhar as falsas acusações que tiveres mencionado. De nada serviria então invocar a máxima de são Bernardo de Claraval: "Perdoa a intenção se não podes perdoar a ação", nem explicar que, se pecaste, foi por acidente, por inadvertência, ou que, se houve mal, foi porque buscaste deliberadamente pôr à prova tua virtude: essas santas considerações não vêm ao caso.

Em troca, com os tagarelas impenitentes, abre-te em falsas confidências. Faz-lhes acreditar — sob promessa de sigilo, é claro, e fazendo-lhes jurar pelo que há de mais sagrado que não o repetirão a ninguém — que exerces uma grande influência sobre alguns poderosos, e que manténs com outros uma correspondência regular. A seguir, redige, dissimulando-te, cartas a esses poderosos, assina-as e mostra-as aos tagarelas. Queima-as depois, não sem antes ter inventado respostas às quais, como por distração, farás alusão. Nada mais eficaz para se fazer passar por um homem com o qual se deve contar. Há todavia um risco: que os indiscretos espalhem confusamente o que terão ouvido de maneira confusa, ou mal compreendida. Assim, ao ler essas cartas a eles, cuida de articular bem, ser perfeitamente inteligível.

Afirma em alto e bom som que jamais fizeste mal a ninguém, que é por essa razão — e por essa razão somente — que esperas te elevar ao topo. De tua abnegação cita exemplos que terás inventado para a circunstância.

Toda vez que apareceres em público — o menos frequentemente possível, de preferência —, trata de conduzir-te de maneira irreprochável: um único erro basta para macular uma reputação, e o mal é muitas vezes irreversível.

Não te lances jamais em vários empreendimentos ao mesmo tempo: não irão te admirar ao te verem disperso. É preferível ser bem-sucedido num só, mas que impressione. Falo por experiência.

Deve-se sempre confiar nas pessoas intuitivas, nos poderosos e em seus parentes. É uma confiança bem colocada.

Simula um ar modesto, cândido, afável, finge uma perpétua equanimidade. Cumprimenta, agradece, mostra-te disponível, mesmo em relação àqueles que nada fizeram por merecê-lo.

No início de tua carreira, não economizes longas horas de reflexão nem os esforços mais rudes. Também não tomes iniciativas se não estiveres certo de triunfar. *Tão brilhante em teus começos quanto em qualquer outra coisa*: uma vez estabelecido teu renome, mesmo teus erros se transformarão em títulos de glória.

Quando estiveres dominado por uma questão que é tua incumbência, recusa absolutamente tudo o que poderia distrair um pouco tua atenção. Com efeito, se porventura percebem que faltaste — ainda que de maneira mínima — aos deveres de teu cargo, disso prontamente te acusarão. E apesar de tudo o mais que possas ter realizado, apesar do fardo de preocupações que te oprimia, imputarão tua falta a essa tarefa suplementar.

Quando te envolveres num empreendimento, jamais te associes a alguém mais competente ou mais experimentado que tu. Do mesmo modo, quando visitares alguém, não te faças acompanhar de um terceiro que esteja em melhores relações que tu com teu anfitrião.

Se deves abandonar um cargo, faz de modo que teus sucessores não possuam talentos que ultrapassem muito visivelmente os teus.

Põe no papel os episódios gloriosos da história de tua linhagem, sem te preocupares com os ciumentos que, nessa hora, não deixarão de ironizar sobre teu orgulho. O que importa é que os escritos, verídicos ou complacentes, tenham para os futuros leitores a aparência de verdade — enquanto as palavras faladas morrem com aqueles que as pronunciaram, ou mesmo antes.

Um bom meio de construir para ti uma reputação de erudito: reúne num volume o resumo dos conhecimentos históricos que puderes juntar e, todo mês, aproveita teus momentos de descanso para ler e reler essa compilação. Terás uma visão global da história do mundo e, quando a necessidade se apresente, poderás recorrer a teus conhecimentos para brilhar.

Memoriza, de modo a ter sempre à tua disposição, um repertório de fórmulas para saudar, replicar, tomar a palavra e, de maneira geral, enfrentar todos os imprevistos da vida social.

Certos homens se rebaixam de bom grado, professando inclusive que essa é a verdadeira grandeza. Afirmam dever suas distinções apenas a acasos felizes, não à sua coragem; a predisposições inatas, não a seus esforços. Fazem o possível para se depreciarem, se humilharem, e até passarem por fracos e indecisos. Desconfia dessas atitudes, salvo se vêm daqueles que dedicaram sua vida à religião.

Guarda sempre forças em reserva, a fim de que ninguém possa conhecer os limites de teu poder.

Sempre que puderes recorrer a subordinados para colocar teus planos em execução, exercer pressões ou infligir castigos em teu lugar, não te prives disso! Reserva-te para tarefas mais elevadas.

Abstém-te de intervir em discussões em que se enfrentam pontos de vista opostos, a menos que estejas absolutamente seguro de ter razão e de poder prová-lo.

Se deres uma festa, dispõe para que teus servidores obtenham algum benefício dela: a populaça é tagarela e a criadagem faz e desfaz as reputações. Lança-lhes poeira nos olhos, isso abafará sua tendência natural à indiscrição e aos mexericos. Do mesmo modo, ao te mostrares afável com teu cabeleireiro, ou com uma cortesã, evitarás que espalhem boatos maldosos a teu respeito.

Os afazeres

Encarrega teus subordinados das ocupações menores, segundo uma repartição estrita das tarefas na qual posteriormente não mexerás. Se um assunto é de pouca importância, dedica-lhe pouco tempo. Regra geral, e não importa o que te ocupe, nunca dispendas mais tempo que o indispensável.

Se por causa de uma questão abominavelmente complicada tens o bastante para arrancar os cabelos, inútil persistir: mais vale arejar o espírito concedendo-te alguns divertimentos decentes e praticando um pouco de exercício. Verás que em seguida resolverás teu problema facilmente, e mesmo muitos outros. Se tens as horas realmente contadas, por um intervalo ocupa-te de uma questão mais simples.

Fragmenta as tarefas que exigem vários dias de trabalho, e resolve-as por etapa uma após a outra. Quanto às que requerem grandes esforços sem trazer nem glória nem dinheiro, faz que sejam confiadas a outros.

Não te deixes dominar, simplesmente para agradar alguém, por afazeres que, além de te tomar muito tempo, não servirão em nada a teus próprios interesses.

Enfim, dispõe para nunca tratar diretamente com os artesãos, e não te ocupes nem com tesouraria, nem com jardins, nem com construções, coisas essas que dão um trabalho imenso e só trazem contrariedade atrás de contrariedade.

Não te entregues senão a ocupações relacionadas com tua qualidade. Se és prelado, não te interesses pela guerra; se és nobre, pela quiromancia; se és religioso, pela medicina; e se és letrado, não te batas em duelo.

Guarda-te de fazer promessas muito facilmente e de conceder demasiadas permissões. Mostra-te difícil de alegrar, circunspecto antes de dar tua opinião. E, assim que a tiveres expressado, não a modifiques mais.

Não dês a impressão de encarar teu interlocutor, não esfregues nem franzas o nariz, evita ter um aspecto contraído, carrancudo. Sê econômico em teus gestos, mantém a cabeça erguida e um tom um pouco sentencioso. Anda a passos comedidos e conserva em todas as circunstâncias uma postura cheia de dignidade.

Jamais confies a ninguém tuas inclinações íntimas, nem tuas repugnâncias, nem tuas timidezes. Jamais te envolvas pessoalmente em ocupações medíocres: deixa-as a teus subordinados, e não fales delas.

Que ninguém presencie teu levantar, teu deitar, nem tuas refeições.

Tem poucos amigos, que verás raramente. Assim evitarás que eles esqueçam a deferência que te devem. Escolhe sempre tu mesmo o lugar de vossos encontros.

Evita toda mudança brusca em teus hábitos, mesmo que para adotar melhores. Observa a mesma regra em relação ao luxo de teu vestuário ou ao fasto de tua criadagem.

Não pronuncies censuras nem elogios a não ser

com uma grande moderação. Mas cuida que a força de teus julgamentos esteja à altura de seu objeto — caso contrário, tu é que cairias num remorso imoderado.

Não manifestes senão raramente sentimentos muito vivos, como a alegria ou o espanto. Mesmo em companhia de amigos íntimos, não te afastes jamais de uma atitude piedosa, virtuosa. Mesmo se te sentes totalmente em segurança com aqueles que te cercam, procura não te queixar de ninguém, não acusar ninguém.

Não edites leis, ou muito poucas. Cuida de não te encolerizares facilmente, pois, se tua cólera se extingue com a mesma facilidade, terás a reputação de um homem de humor instável.

Se deves falar em público, que teu discurso seja sempre preparado e escrito antecipadamente com o maior cuidado.

Ler, escrever

Se deves escrever num lugar por onde passa muita gente, coloca verticalmente diante de ti uma folha já escrita e finge recopiá-la. Faz que todos a vejam. Dispõe na horizontal as folhas sobre as quais escreves e procura encobri-las, de modo a deixar visíveis apenas algumas linhas de uma única página que terás efetivamente recopiado e que todos os que se aproximarem de ti poderão ler. Quanto às folhas sobre as quais realmente terás escrito, oculta-as debaixo de um livro, debaixo de outras folhas ou sob aquela que finges copiar.

Se alguém te surpreende quando estás lendo, finge folhear rapidamente o livro que tens em mão, para evitar que adivinhem o que suscita teu interesse. Melhor: coloca uma pilha de livros à tua frente, de modo que quem te observa não possa saber o que estás lendo. Se um importuno aparece quando lês, ou quando rediges uma carta, e se for perigoso para ti que essa pessoa saiba o objeto de tua leitura ou o conteúdo da carta, então, à queima-roupa, e como se isso tivesse uma relação com o livro ou a carta, coloca-lhe uma questão que em realidade nada terá a ver com o que te ocupa. Finge, por exemplo, responder a alguém que te teria escrito para pedir um conselho, e interroga o que acaba de entrar inesperadamente: "Que conselho dar a um homem que se meteu em tal situação? Isso requer prudência, reflexão...". Ou ainda, pede ao intruso notícias de alguma coisa, ou de alguém, sob pretexto de que queres falar disso em tua carta. Age sempre segundo essas regras, mesmo se estás tranquilamente fazendo tuas contas ou lendo por prazer.

Procura sempre dar-te o trabalho de escrever de próprio punho os documentos que queres manter secretos. Podes eventualmente ditá-los utilizando uma linguagem codificada — ainda que, nesse caso, para enganar, seja preciso escolher uma que dê a todo o mundo a ilusão de compreender o que redigiste, como as que propõe Trittenheim[3] em sua

---

[3] Johannes Tritemius (ou Tritheim). Nascido em Trittenheim por volta de 1460, falecido na abadia de Wurtzburg

Poligrafia. Trata-se do método mais seguro se não quiseres tu mesmo escrever, pois uma linguagem codificada que apresente um texto ininteligível levantará necessariamente suspeitas, e, sendo assim, teu documento corre o sério risco de ser interceptado. Portanto é indispensável que tu mesmo escolhas o código.

Os benefícios

Mostra-te generoso quando se trata com certeza daquilo que não te custa, nem jamais te custará nada: por exemplo, privilégios que o beneficiário jamais poderá usar.

em 1516. Teólogo, abade da abadia de Spanheim, posteriormente da de Wurtzburg. Fino homem de letras, esse beneditino extraordinário, após ter enriquecido de vários milhares de obras a biblioteca de seu mosteiro, apaixonou-se pela alquimia e pela cabala. É autor de vários livros, entre os quais *As luzes da Alemanha* e *Poligrafia e universal escrita cabalística* (1518), traduzidos para o francês em 1561.

Um preceptor não deve tirar de seu aluno a esperança de que poderá, graças a seu ensino, aprofundar os conhecimentos. Do mesmo modo, quando um pai dá presentes a seu filho, deve fazer-lhe compreender que está longe de ter esgotado os recursos de sua bondade e que o filho pode ainda esperar outros sinais dela. O princípio é idêntico entre um senhor e os que o servem. Se o senhor faz doação de uma propriedade a um deles, este deve sentir que permanece dependente de sua boa vontade. Cabe ao senhor, portanto, fazer de modo que seu devedor tenha necessidade dele, por exemplo para se abastecer de água ou de madeira, ou para utilizar o moinho.

Se o senhor deve vincular-se a seu servidor por um contrato escrito, que haja uma cláusula estipulando que o ato é revogável por ele quando quiser.

Se julgas que um homem é digno de uma função, mas se ele se esquiva dela no momento em que lha outorgas, não aceites sua recusa, salvo se a exprime publicamente: de outro modo, imaginariam que não são apenas seus méritos que teu favor entendia recompensar, mas algo de mais duvidoso. Todavia, para evitar que ele se esquive, pega-o de surpresa. Faz com que assuma sua nova função no dia mesmo em que lha conferes, e parte em viagem em seguida. Deste modo, se ele quiser te manifestar sua recusa, será obrigado a te escrever e aguardar tua resposta; mas, nesse meio-tempo, já terá começado a exercer seu cargo.

Não sejas avaro dos favores que nada te custam: por exemplo, concede facilmente indultos de penas. Ou então renuncia, à guisa de concessão, a uma nova cobrança de imposto, dando a entender que, a exemplo de um senhor da vizinhança, te preparavas para aplicá-la apesar de seu caráter injusto.

Escolhe para teu serviço pessoas que não tenham o gosto do luxo, que não apreciem nem as armas caras, nem as joias, nem os cavalos. Poderás assim prodigalizar-lhes sinais de tua generosidade sem gastar muito dinheiro.

Inventa maneiras originais de dar: se, por exemplo, queres presentear um arcabuz, organiza um concurso de tiro em que recompensarás o vencedor — seja porque tens certeza de quem triunfará, seja porque o resultado pouco te importa contanto estejam presentes testemunhas de tua liberalidade.

Não procures atrair os serviços de alguém fazendo-lhe muitas promessas, ele recusaria. Todos sabem perfeitamente que prometer é uma maneira de não dar e de mostrar-se generoso apenas em palavras.

Se alguém se enaltece a todo momento de suas grandes riquezas, instiga os que ouvem suas fanfarronadas a fazer-lhe solicitações.

Evita revogar decisões daqueles que te precederam: talvez eles estivessem em condições de prever acontecimentos com os quais tu não contas. Não concedas privilégios perpétuos: talvez um dia tenhas vontade de conferi-los a uma outra pessoa.

Não dês a impressão de ser pródigo em recompensas. Todavia, quando as concederes, evita fazer sentir seu valor: ficarão ainda mais agradecidos a ti por isso. Identifica os que estão passando por privações; procura saber o que lhes falta e qual é sua situação real. Se decides ajudar alguém, não comentes nada a teu redor: magoá-lo-ias, dando a impressão de que o censuras por isso. E se, por algum motivo, és forçado a falar, faz como se fosse uma dívida que pagas, e como se nisso não se devesse ver nem favor nem recompensa. Em troca, se és tu que recebes um presente, cuida de manifestar claramente tua gratidão — por mais modesto que ele seja.

Solicitar

Vigia para que tuas solicitações não levem teu benfeitor e amigo à falência, ou não exijam dele sacrifícios excessivos. O melhor é declarar-lhe simplesmente que estás sofrendo privações. E se acaso não obténs grande coisa dessa forma, estejas certo de que não terias obtido mais por pedidos insistentes. Nesse caso, que teus sinais de reconhecimento estejam à altura do pouco que esse amigo tiver feito por ti: que ele fique bem consciente de que continuas tendo necessidade de sua ajuda.

Se deves solicitar dele não dinheiro mas um procedimento importante, começa por lhe falar de outros assuntos e, no meio da conversa, como quem não quer nada, faz-lhe compreender o que esperas realmente dele.

Aborda os poderosos com prudência, pois eles facilmente imaginam que tentam manipulá-los. Convém recorrer a intermediários, e escolher pessoas bem-nascidas. Por exemplo, podes pedir a um filho para interceder junto a seu pai — com a condição de que seus próprios interesses não estejam em concorrência com os teus.

Para fazer uma solicitação, convém saber escolher o momento. É preferível que o homem que vais solicitar esteja de bom humor: assim, aborda-o durante folguedos, ou após um banquete — contanto, é claro, que o vinho e a boa comida não o tenham deixado sonolento.

Evita os dias em que o homem está envolvido numa série de problemas, ou aqueles em que o vês extenuado de fadiga. Evita sobretudo fazer várias solicitações ao mesmo tempo.

Se és tu que favoreces os interesses de alguém, toma muito cuidado, em público, de conduzir-te com ele exatamente como com um estranho. Não lhe concedas senão raros encontros, e breves, a fim de dar a impressão de que é por preocupação com o bem comum que ages dessa maneira, não para privilegiar interesses particulares.

Adapta tua maneira de ser e tuas palavras àquele com quem estás lidando. Aos avarentos, fala de prejuízos e lucros, aos devotos, de Deus e de Sua maior glória, aos jovens vaidosos, de sucessos prováveis e humilhações possíveis.

Jamais peças a teu senhor para conceder-te privilégios por escrito, o que não se consegue senão após um tempo infinito, ou nunca. Um método bem melhor é redigir tu mesmo a ata, colocá-la ante seus olhos num momento oportuno para que ele tenha só que apor sua assinatura.

Não cometas o erro de pedir a alguém um objeto raro que ele estima, sobretudo se não necessitas dele expressamente. Pois, se recusar, ele terá o sentimento de te haver ofendido e guardará rancor de ti; se consentir, também te quererá mal, pois te considerará doravante como um pedinte maçante e indelicado.

Como é sempre desagradável suportar uma recusa, não peças nada que não estejas certo de obter. É por essa razão que mais vale nada pedir diretamente, mas dar a entender por meias palavras aquilo de que necessitas.

Quando tens a intenção de solicitar um favor, não a deixes transparecer a ninguém antes de tê-lo obtido. Declara mesmo abertamente que nada esperas desse lado. Anuncia por toda parte que foi um outro que recebeu o que havias por um momento cobiçado, e vai felicitar o feliz eleito.

Se te recusam alguma coisa, recorre a alguém que terá mais chances que tu, a fim de que ele te repasse discretamente o objeto desejado depois que o tiver obtido.

Se alguém disputa uma honraria que também cobiças, envia-lhe secretamente um emissário que, em nome da amizade, o dissuada, mostrando-lhe os múltiplos obstáculos que de toda forma ele teria de enfrentar.

ACONSELHAR

Quando queres fazer que alguém compreenda que está errado, começa por lhe falar de outras coisas e chega, como por acaso, aos atos que merecem reprimenda. Faz então uma descrição caricatural deles, diz o quanto te desagradam, mas junta-lhes circunstâncias diferentes para que o homem que pretendes aconselhar não se sinta diretamente visado. Faz de modo que ele te escute de bom grado, sem se aborrecer; tempera tuas palavras com alguns gracejos e, se de repente, ele fizer cara feia, assume um ar ingênuo e pergunta-lhe a razão. Enfim, misturando-os a considerações diversas, aborda os remédios que podem ser adotados num caso como aquele que te preocupa.

Se alguém acha que suspeitas dele acerca de um delito qualquer, eis como se aproveitar disso: confia-lhe secretamente uma missão, que escolherás de modo que os riscos sejam para ti pequenos. Pressionado para reabilitar-se de tuas suspeitas, podes ter a certeza de que ele porá todo o seu zelo em te servir bem, desta vez e em outras ocasiões. Eis por que, de tempo em tempo, não é ruim dar a entender aos subordinados que alimentamos uma sombra de suspeita a respeito deles.

Os jovens legalmente maiores de idade têm propensões à rebelião e à libertinagem. Se os censurares num tom grave e sentencioso, não farás senão excitar suas inclinações. Assim, na maioria dos casos, é preferível armar-te de paciência e esperar que eles se corrijam por si mesmos ou se cansem de seus desregramentos. Mas se sabes usar tua autoridade bastante habilmente para recolocá-los na linha, evita passar bruscamente do rigor à indulgência. Com os temperamentos plácidos, mostra-te direto e, se preciso, bate com o punho na mesa: isso os impressiona. Com as naturezas agitadas, ao contrário, demonstra doçura e delicadeza.

Não se deixar surpreender

Convém não confiar demais nas palavras dos sábios: eles minimizam a tal ponto sua superioridade que a reputação dos outros resulta engrandecida em excesso. Jamais te confessarão que alguém falou mal de ti na presença deles. Tampouco te dirão de quem deverias desconfiar, nem quais são os vícios de uns ou de outros. Isso se aplica igualmente aos padres, que enaltecem os méritos de seus penitentes — é uma regra de seu sacerdócio —, e aos pais, que fazem o elogio de seus filhos.

Se temes que alguém se aproveite de tua ausência para suscitar queixas contra ti ou espalhar calúnias a teu respeito, acha um pretexto amistoso e roga-o a acompanhar-te em viagem, à caça ou à guerra. Vigia-o e, quando estiveres acompanhado, à mesa ou noutros lugares, não o deixes se afastar. Do mesmo modo, para evitar que uma nação se aproveite de uma de tuas expedições para te declarar guerra, leva contigo a elite dessa nação — como se não tivesses aliados mais fiéis —, mas cuida de fazer escoltar essas pessoas por um pequeno grupo de homens armados devotados a teu serviço.

A BOA SAÚDE

Procura te alimentar sem excesso, nem em quantidade, nem em qualidade. Faz o mesmo em relação às roupas, conforme esteja frio ou quente. Evita trabalhar demais ou, ao contrário, dormir demais. Convém que tua casa seja bem arejada, mas que as peças não tenham o teto muito alto. A ingestão e a defecação, causas de numerosas doenças, devem obedecer às mesmas regras de moderação e de regularidade, assim como o movimento e o repouso, e também os desejos carnais, que devem ser controlados. Não habites nas proximidades de um pântano, menos ainda à beira de um rio. Escolhe um quarto de dormir cujas janelas estejam orientadas de preferência a nordeste que a noroeste. Não trabalhes mais de duas horas seguidas sobre um problema difícil: de tempos em tempos faz uma interrupção para repousar o espírito. Habitua-te a uma alimentação simples, feita de produtos que possam ser facilmente obtidos e em qualquer lugar. Seja qual for tua qualidade, não te entregues aos prazeres da carne senão com uma frequência moderada, mas de acordo com as exigências de teu temperamento.

ÓDIOS E RANCORES

Recusa testemunhar nos processos judiciais:

necessariamente suscitarias o rancor de uma ou da outra parte. Jamais forneças informações sobre um homem que não seja nobre de nascimento — menos ainda se for de baixa extração —, e age como se ignorasses tudo dele. Se, durante uma conversação, decides lançar uma queixa a alguém, sobretudo não te mostres zangado, mas continua a falar como se fosse algo insignificante. Em presença de terceiros, não manifestes a ninguém um favor particular: considerariam que desprezas os outros e te votariam um ódio tenaz.

Evita progredir em tua carreira de modo muito rápido ou muito evidente. Face a uma luz cada vez mais brilhante, os olhos devem se habituar aos poucos, caso contrário, ofuscados, se desviam. Jamais te oponhas ao que agrada às pessoas do povo, quer se trate de simples tradições ou mesmo de hábitos que te repugnam.

Se és forçado a admitir que cometeste uma ação odiosa, não estimules o ódio que ela provoca dando a impressão de não sentir nenhum remorso ou, pior ainda, de escarnecer de tuas vítimas, ou de te orgulhar do que fizeste: far-te-ias odiar duas vezes mais. O melhor é desaparecer, deixar o tempo fazer sua obra e não te manifestar.

Evita toda mudança extravagante em teu modo de vestir, e não exageres no luxo das festas que ofereces.

Se editas leis, que sejam as mesmas para todos: nesse ponto, aliás, é preciso assumir o risco de confiar na honestidade de uns e outros.

Cuida, para adular o povo, de prestar contas de teus atos, mas somente depois de tomados, a fim de que ninguém resolva contestar tuas decisões.

Adota como regra absoluta e fundamental jamais falar irrefletidamente de quem quer que seja — não importa se falando bem ou mal — e jamais revelar as ações de qualquer pessoa, boas ou más. Com efeito, é sempre possível que um amigo daquele que criticas esteja presente e se apresse a transmitir tuas palavras exagerando-as, criando-te um inimigo a mais. Em troca, se fazes o grande elogio de alguém na presença de um outro que o odeia, é desse outro que provocarás a inimizade.

É bem verdade que é necessário saber tudo, ouvir tudo, ter espiões por toda parte, mas convém tomar tuas informações com prudência, pois as pessoas logo passam a te odiar se se sabem vigiadas. Espiona-as portanto sem te fazer notar.

Evita manifestar o que se pode chamar um excesso de altivez. Quando, por exemplo, afirmas que não esperas serviços de ninguém, que dispões de tropas em número suficiente, alguns veem nisso apenas desprezo.

Jamais te vanglories de praticar uma política melhor que a de teus predecessores, nem de anunciar que tuas leis são ao mesmo tempo mais rigorosas e mais equitativas: atrairias a animosidade de seus amigos. Mesmo se forem perfeitamente justificados, nada reveles de teus projetos políticos —

ou, pelo menos, não fales senão daqueles que tens certeza serão bem acolhidos por todos.

Eis agora como conduzir-te em relação a teus servidores. Não concedas a todos o que era inicialmente privilégio de alguns. Jamais dês a impressão de delegar uma parte de tua autoridade a um deles, sobretudo se os outros o detestam. Evita distinguir um ou dois por favores particulares, a menos que todos estejam de acordo em admirar seu devotamento, pois então tua recompensa terá um efeito de emulação.

Se deves punir um ou outro de teus servidores, encarrega disso um terceiro. Faz como se não fosse de ti que viesse a sanção. Deste modo, se aquele que provocou tua severidade vier queixar-se a ti, terás a liberdade de abrandar o castigo e de fazer recair a responsabilidade sobre aquele que aparentemente terá tomado a iniciativa de castigar.

Se, por exemplo, estás à frente de um exército cuja disciplina se relaxa, deixa aos oficiais a tarefa de punir. Ordena-lhes que castiguem os soldados indisciplinados condenando-os a trabalhos penosos, sem fixar limite a seu rigor. Para se redimirem a teus olhos de terem deixado instalar-se a indisciplina, eles infligirão aos culpados punições muito severas, o que te dará a oportunidade de ostensivamente demonstrar indulgência para com os soldados que vierem pedir tua clemência.

Deixa triunfar a seu gosto os que realizaram autênticas façanhas e merecem uma glória verdadeira, sem reivindicar tua própria parcela de louvores: essa glória se refletirá ainda melhor sobre ti se a ela juntar-se a de teres te mostrado acima da inveja.

Atribui teus êxitos e teus sucessos a outrem. Por exemplo, a uma pessoa experiente que te ajudou com sua previdência e seus conselhos prudentes.

Faz como se não tirasses nenhum orgulho de teus sucessos, não modifiques em nada teu modo de falar ou de vestir, nem teus hábitos de mesa. Ou, pelo menos, se deves modificar alguma coisa nesses domínios, que seja por uma razão bem definida que todo o mundo compreenderá.

Se te é preciso punir alguém, faz de modo que ele próprio se reconheça culpado. Ou então, faz que seja julgado por outra pessoa a quem terás determinado infligir-lhe um castigo severo: poderás a seguir atenuar a sentença.

Quando tiveres triunfado de um adversário, não cedas à tentação de insultá-lo acima da conta.
Não zombes de teus rivais, evita provocá-los e, toda vez que fores vencedor, contenta-te com o prazer da vitória sem te glorificar em palavras ou em atos.

Se és chamado a decidir entre dois partidos de maneira categórica, começa por utilizar fórmulas ambíguas. Por exemplo, em favor do partido que queres defender, fala num tom solene mas dando a impressão de que te inclinas mais pelo partido oposto. Ou então reserva tuas conclusões.

Se te pedem para interceder em favor de alguém numa disputa, não recuses, mas procura fazer compreender que o caso não depende de ti, que não és tu que decidirás de seu resultado, e que este poderia de fato ser contrário ao que desejas.

Se decides te vingar, faz isso por intermédio de um terceiro, ou age dentro do maior segredo. Ao mesmo tempo que ajudas um agressor a fugir secretamente e o mais rápido possível, faz com que o agredido lhe perdoe.

Se são parentes teus que se enfrentam num processo, não tomes partido nem a favor de um, nem a favor de outro. Finge estar sobrecarregado de trabalho e desculpa-te junto a cada um. Não tendo dado preferência a nenhuma das partes, nenhuma das duas poderá julgar-se traída.

Ninguém deve poder imaginar que em concordância com teus superiores tomaste parte na elaboração de novas leis, sobretudo se forem impopulares. Mostra-te o mínimo possível em companhia do verdadeiro detentor do poder; mas conta-lhe discretamente boatos e anedotas, contanto que sejam sem consequências. Sobretudo não te orgulhes diante de alguém de haver conquistado sua amizade.

Se notarem tua influência sobre os poderosos, tu é que serás tido como responsável por suas más ações. Vigia portanto para que teu superior escute atentamente teus conselhos, leve em conta tuas observações, mas não se envolva em grandes perturbações políticas a não ser em tua ausência. Precaução particularmente útil aos confessores dos príncipes.

Se, na conversação, alguém elogia tua família e teus antepassados, muda logo de assunto. As pessoas apreciarão tua modéstia, e tua reputação não será manchada pela inveja. Se deres mostra de um pouco de vaidade, suscitarás ciúme e animosidade.

Jamais te faças o defensor de medidas demagógicas.

Se alguém nunca te demite de tuas funções, manifesta publicamente tua satisfação e mesmo teu reconhecimento para com aquele que te proporcionou a quietude e o lazer aos quais aspiravas. Encontra os argumentos mais convincentes para os que te escutam: assim evitarás que à desgraça se junte o sarcasmo.

Não procures abertamente saber nem quem te combateu, nem quem o apoiou em seus esforços para te derrubar. Se tens um inimigo jurado, jamais faças alusão a ele. Em troca, é da mais alta importância que descubras todos os seus segredos.

Não concedas entrevistas em público às pessoas odiadas por todos, e não te tornes conselheiro delas.

Se participaste de um conselho em que foram tomadas medidas que todos concordam serem muito rigorosas, dá um jeito para que não o saibam, mesmo se tais medidas visam apenas pessoas sem influência: poderiam supor que foste o instigador delas.

Não comentes nem critiques os atos de ninguém. Evita examinar muito de perto a maneira como os outros desempenham suas funções. Guarda-te, se não és convidado, de entrar nos escritórios, nas propriedades, nas estrebarias, e em todos os lugares onde poderiam acreditar que vens para espionar.

Quando te dirigires a servidores ou a pajens para obter informações sobre seu patrão, faz isso sempre com a maior prudência.

Toma cuidado para que nada em tua conduta, em teus gestos, em teu andar, em teus ditos espirituosos, em teus comentários e no tom em que os fazes, em teus risos, em tuas predileções, jamais possa ser tido como injurioso.

Mesmo muito ocupado, recebe sempre amavelmente um visitante inesperado e dá-lhe a impressão de ser bem-vindo. Roga-o, porém, a desculpar-te por hoje e a voltar outro dia. Saibas que, se queres viver em paz, em geral terás de aceitar todo tipo de pequenos desagrados.

Sempre que em tua presença fizerem afirmações erradas, deixa falar sem intervir, nem dês a entender que estás melhor informado.

Jamais recebas alguém com um gracejo ou um dito espirituoso: ele poderia perceber isso como uma excessiva liberdade em relação a ele, ou uma forma de sarcasmo. Se teu visitante acaba de sofrer um revés, sobretudo não zombes dele: ao contrário, encontra-lhe escusas, permita-lhe aliviar seu coração e, conforme for, esforça-te por ajudá-lo.

Se tens prerrogativas de juiz, não te sirvas delas para dar ordens a pessoas fora de tua jurisdição.

Os segredos

Não desdenhes conversar com pessoas sem estirpe e de baixa condição: tua benevolência lhes dará prazer e, em troca de um pouco de ouro, elas te dirão tudo o que esperas saber delas.

Faz o mesmo com os pajens, embora consciente de que com eles há sempre riscos. Recomenda aos servidores que revelam os segredos de seu senhor que desconfiem uns dos outros, e, a fim de manter a confiança que têm em ti, jamais esqueças de cumprir as promessas que lhes fizeste. Última precaução: evita fazer uso imediato dos segredos que eles te revelarem.

As intenções

Antes de mais nada, escuta atentamente as razões daquele que vem defender uma causa diante de ti, e pergunta-te se são válidas. Depois, observa como esse homem tem o costume de se comportar, e deduz se há motivos para duvidar de sua sinceridade. Assim, alguém que se exprime com muito ardor, quando habitualmente jamais se apaixona por nada, certamente não diz o que pensa.

Por outro lado, aquele que muda facilmente de opinião e hoje defende com o mesmo arrebatamento o que ontem denunciava, é evidente que foi comprado.

Se alguém permanece obstinadamente em suas posições mesmo depois de lhe terem demonstrado seu erro, estejas certo de que suas motivações não são as que afirma. Ocorre o mesmo se ele faz discursos inflamados mas apoiados em argumentos sutis e retorcidos, se usa de uma sofística complicada ou se recorre a razões que não são próprias de seu caráter.

Há também pessoas que, para sustentar um ponto de vista, se baseiam em argumentos que no final de sua demonstração contradizem o que sustentaram no início — pois é certo que, o que dizemos sem pensá-lo verdadeiramente, esquecemos de imediato. Em tais casos, envia ao homem com quem estás lidando alguém que lhe inspire confiança e depois o interrogue amigavelmente sob promessa de sigilo: ele obterá desse homem uma verdade completamente diferente.

Jamais ofender

Se, em relação a alguém que te solicitava um

serviço, te mostraste reticente, ou mesmo indelicado, não concedas o mesmo serviço a seu inferior, nem mesmo a seu igual. Não apenas perderias sua confiança como ele te conservaria um ódio tenaz por isso.

Não te mostres de súbito mais exigente e mais severo para com aqueles cuja situação depende de ti, sem te mostrares ao mesmo tempo mais generoso. Em troca, ao aumentares tanto as recompensas quanto os castigos, essas pessoas te serão mais dedicadas, por uma mistura de amor e de temor.

Se decides uma inovação que possa ofuscar os outros e sobretudo teu senhor, trata de conseguir êmulos. Não sendo o único a suscitar inimizades, estas, em razão de seu número, perderão muito de sua virulência.

Se te sabem o instigador de uma medida impopular, acalma a populaça concedendo-lhe ostensivamente algumas gratificações: uma redução de imposto, o indulto de um condenado, por exemplo.

Mostra sempre que tens as melhores relações com os que querem bem à plebe.

Se cogitas uma mudança de orientação política, procura preliminarmente — e em segredo — um teólogo, ou uma pessoa entendida, e obtém sua aprovação plena e cabal. Depois dá um jeito para que seja ele que te faça essa sugestão diante de testemunhas, ele que te incite a isso e — melhor ainda — ele que pareça abertamente fazer pressão sobre ti.

Se decides promulgar novas leis, começa por demonstrar a imperiosa necessidade delas a um conselho de sábios, e ultima essa reforma com eles. Ou então faz que se propague simplesmente a notícia de que os consultaste, e que eles te aconselharam abundantemente. Depois legifera sem te preocupar com seus conselhos, como achares melhor.

Jamais trates de obter para alguém nem esposa, nem criada. Tampouco procures persuadir quem quer que seja a mudar seu modo de vida.

Jamais aceites o encargo de executante testamentário.

Se eventualmente estás presente no momento em que alguém dá ordens a seus servidores, não te julgues obrigado a partir; mas não intervenhas, nem para aprovar, nem para contradizer.

Ao chegares num novo país, não caias no erro tão comum que consiste em tecer louvores aos habitantes e enaltecer os costumes do país que acabas de deixar.

Se, nas questões que dizem respeito à consciência e à moralidade, te sentes interiormente inclinado à severidade, segue apesar de tudo o partido da indulgência — e faz o mesmo em todos os outros tipos de questões. Que isso não te impeça, no resto do tempo, de pregar o rigor.

Em público, jamais afirmes ter influência sobre teus superiores; nunca te enalteças de gozar de seu favor. Tampouco te deixes levar a confidências dizendo o que pensas desse ou daquele.

Quaisquer que sejam tuas funções, saibas que podes sempre atrair as boas graças de um superior assegurando-lhe proventos.

Quanto aos inferiores, é sempre preferível mostrar brandura em relação a eles — mesmo se é só aparente — em vez de rigor excessivo.

Se te contam que um suposto amigo falou mal de ti, não o censures por isso: farias dele um inimigo, quando até o momento ele não é senão, no pior dos casos, um indiferente.

Não busques penetrar o segredo dos poderosos: se eles forem divulgados, é de ti que suspeitarão.

Se alguém te visita com o único objetivo de te ser agradável, para te felicitar ou te transmitir as saudações de uma outra pessoa, acolhe-o calorosamente e, no momento oportuno, devolve-lhe a cortesia.

Quando um amigo te fizer promessas e não as cumprir, não lhe mostres que estás aborrecido: ganharias apenas seu ressentimento.

No jogo, deixa ganhar teu senhor quando isso é razoável: quero dizer, quando arriscas apenas o amor-próprio, e não o dinheiro. Um homem de caráter verdadeiramente temperado jamais é vencido por ninguém, exceto por seu senhor.

Mesmo se tuas relações com teu senhor são de grande intimidade, jamais dispenses a deferência e a submissão que lhe deves; caso contrário, ele pensaria que essa intimidade te faz perder a noção de teus deveres.

Não te enalteças de ter influenciado, por teus conselhos, as decisões de alguém. Da próxima vez, ele recusaria te escutar. Em troca, se alguém sofreu um revés por não ter seguido teus conselhos, contém-te de ironizar a seu respeito e deixa os acontecimentos se encarregarem de te vingar.

Tampouco te enalteças de tuas riquezas, nem de teu poder, nem de tua imaginação, nem mesmo de tua habilidade manual ou de tua velocidade na corrida.

Se os poderosos te concedem favores, se és admitido a seus conselhos privados, se te tornas colaborador deles, não vás revelar seus segredos, nem mesmo tentar adivinhar suas intenções. Guarda para ti o que sabes e finge ignorância. Se és injustamente tratado por um mais poderoso que tu, o melhor é engolir a ofensa e ignorá-la — quem ofende com frequência toma ódio por sua vítima.

Dá grande importância às dádivas que recebes, por menores que sejam. Fala delas como de presentes magníficos, sobretudo se foi teu senhor que as fez. Para agradecê-lo, responde-lhe certificando-o de uma devoção inalterável.

Manifesta com tenacidade tua indiferença pelas distinções honoríficas. Recebe-as o mínimo possível; elas não apenas não servem para nada como também brilham com uma luz que desperta o ciúme.

Incitar à ação

Eis como convém proceder. Assume os dissabores eventuais do empreendimento no qual queres envolver pessoas, e promete-lhes recompensas. Como o general que promete lauréis aos soldados que forem feridos, ao mesmo tempo que põe em segurança seus companheiros: ele pode então enviar à batalha um regimento de excelentes soldados que, num segundo momento, será seguido de boa vontade por todo o exército.

A sabedoria

Na maior parte das circunstâncias, convém ficar calado, escutar os conselhos de outrem e meditá-los longamente. Não superestimes o alcance nem de tuas palavras, nem de tuas ações, e não te encarregues de assuntos que não te ofereçam alguma utilidade, para o momento ou para mais tarde. Tampouco te imiscuas nos assuntos de outrem.

Em escritos que fizeres circular, faz o maior elogio das façanhas dos outros — mesmo elevando-os a pedestais em realidade excessivamente altos —, serás assim associado à sua glória e atrairás sua benevolência sem te expores a seu ciúme.

Não te deixes arrastar pela cólera, nem pela sede de vingança. Escuta com interesse os discursos que te fazem sobre as virtudes de uns e de outros, mas não manifestes demais tua admiração: reserva-a para o que é realmente fora do comum. Não sejas muito pródigo em conselhos e nunca ajas num espírito de competição. Evita os processos judiciais, mesmo que isso te obrigue às vezes a suportar um prejuízo.

Não mostres a ninguém os objetos preciosos que possuis: ninguém jamais terá a ideia de os pedir a ti.

Se alguém te obriga a acompanhá-lo num empreendimento, faz de modo que os riscos maiores sejam dele.

Se deves dar conselhos, fazer uma petição ou empreender algo num domínio que te é pouco familiar, encontrarás nos livros de história precedentes que te inspirarão utilmente.

Consulta com frequência os tratados dos grandes retóricos: estes sabem não apenas provocar o ódio, mas também voltá-lo contra os que o provocaram; são capazes de excitá-lo ou de atenuá-lo. Eles te ensinarão igualmente como acusar ou te defender com a maior eficácia. O mais importante é aprender a manejar a ambiguidade, a pronunciar discursos que possam ser interpretados tanto num sentido como no outro a fim de que ninguém possa decidir. Praticar a ambiguidade é com frequência necessário e, a julgar por são Gregório Nazianzeno,[4] o

---

[4] Um dos principais padres da Igreja (330-390). Teólogo e autor de poemas místicos.

próprio Aristóteles não se privou disso ao consignar por escrito suas teorias filosóficas.

Para evitar desagradar quem quer que seja quando se escrevem tratados ou cartas que deveriam conter conselhos, o melhor é empregar a forma do debate e desenvolver sucessivamente os argumentos que vão num sentido, depois os que vão no outro, tomando o cuidado de jamais tomar partido, de não dar sua opinião nem aquela que se deseja fazer prevalecer.

Usa habilmente do optativo, da anfibologia, da invocação oratória, em suma, de todas as figuras de retórica por trás das quais podes te ocultar.

Aceita as repreensões, mesmo injustificadas. Não tentes achar escusas a teus atos, de outro modo ninguém mais quererá te aconselhar. Ao contrário, manifesta o quanto te aflige a lembrança dos erros que cometeste. Quanto às repreensões absolutamente desprovidas de fundamento, o melhor é não responder. Se for o caso, admite inclusive que pudeste, às vezes, ter agido mal.

Exercita-te em ser capaz, em qualquer circunstância, de defender tanto um partido quanto o partido contrário e, para isso, estuda os tratados de retórica e os grandes arrazoados dos logógrafos.[5]

Se és ministro plenipotenciário e tens a missão de negociar com o chefe de uma potência inimiga, aceita seus presentes mas previna teu príncipe disso — caso contrário ele poderia suspeitar de que o trais. Em toda circunstância comparável, observa a mesma regra de conduta.

Não envies em embaixada um homem que possa se revelar teu adversário ou pretender usurpar teu poder: ele agiria contra teus interesses.

Recruta teus conselheiros de modo que seus temperamentos se equilibrem. É raríssimo encontrar um que seja naturalmente equilibrado. Escolhe um plácido e um apaixonado, um brando e um colérico... É a melhor maneira de ser bem aconselhado.

[5] Na Grécia antiga, redatores profissionais de discursos.

Observa de que lado pende a fortuna. Ou de que lado ela vai provavelmente pender.

Dispõe para que todos os servidores de teu senhor, mesmo os mais humildes, te sejam devotados.

Diariamente, ou em certos dias previamente fixados, dedica um momento a estudar como reagirias diante desse ou daquele acontecimento suscetível de se produzir.

Elabora um registro onde anotarás as palavras e as ações de teus amigos e de teus subordinados.
A cada um dedicarás uma página inteira dividida em quatro colunas. Na primeira, inscreve os aborrecimentos que ele te causou ao faltar a seus deveres. Na segunda, os serviços que lhe prestaste e os esforços que despendeste em relação a ele. Na terceira, o que ele fez por ti. Na quarta, enfim, os danos que lhe causaste e os esforços excepcionais que eventualmente ele realizou para te servir.

Assim, quando eles vierem se queixar a ti ou invocar o que lhes deves, saberás imediatamente que resposta dar a cada um. Aplica essas mesmas regras a teus encontros cotidianos.

Jamais te rebeles contra as reprimendas de teus superiores, merecidas ou não. Em presença de outrem, escusa sempre os desvios de conduta deles e elogia-os em qualquer ocasião.

Sempre que possível, evita fazer a menor promessa por escrito, sobretudo a uma mulher.

Se uma pessoa te agrada e te seduz, evita ligar-te demais a ela; se não o puderes, toma todas as precauções possíveis.

Mesmo se tua situação estiver bem estabelecida, jamais hesites em consolidá-la. O único método para isso é mostrar-te cada vez mais irrepreensível. Por isso, ao final de todo empreendimento coroado de êxito, farás como se fosse um outro que o tivesse levado a cabo. Considera também sem complacência em que ocasião te deixaste pegar de surpresa e quais oportunidades deixaste escapar.

AGIR COM PRUDÊNCIA

Há duas formas de prudência. A primeira consiste em jamais confiar inteiramente em quem quer que seja. Assim, mesmo quando estiveres num lugar seguro e com amigos que consideras seguros, não te deixes levar muito facilmente à confidência; lembra-te que raras são as amizades que algum dia não decepcionam.

A outra forma de prudência se confunde com os princípios de decoro que nos impedem de dizer a cada um sua verdade e de apontar-lhe espontaneamente seus erros a fim de que corrija sua conduta. Esses princípios estão seguramente muito próximos da hipocrisia, mas são de uma grande utilidade e, além do mais, geralmente não oferecem nenhum perigo para quem os aplica.

Adota como regra absoluta jamais confiar segredos de importância, mesmo a um íntimo; pois não há ninguém que, com o tempo, não possa se revelar teu inimigo. Guarda-te de agir e de decidir sob o efeito da euforia ou da exultação, cometerias asneiras que te fariam cair em armadilhas.

Jamais esperes que alguém interprete favoravelmente teus atos ou tuas palavras. Diz-te claramente que ninguém no mundo é capaz disso.

Numa carta, nunca escrevas algo que possa cair sob os olhos de um terceiro sem que isso tenha consequências. Em troca, não é ruim introduzir nela o elogio de alguém que suspeitas que poderá lê-la.

Se percebes que alguém se esforça por obter de ti informações fingindo estar a par daquilo que ele quer saber, não o corrijas se ele se engana; ao contrário, deixa-o ir mais fundo em seu erro.

Dissimula os vícios dos outros, ou escusa-os. Dissimula também teus sentimentos, e não hesites mesmo em fingir sentimentos contrários. Na amizade, pensa no ódio; na alegria, na infelicidade.

Se na guerra vences uma batalha, não devolvas ao inimigo os prisioneiros de alto escalão: se a sorte mudasse de lado, ele te preservaria a vida na esperança de recuperar os reféns. Além disso, exceto em caso de força maior, mantém sempre relações diplomáticas com os generais inimigos.

Não tomes abertamente nenhuma iniciativa que não possas justificar de imediato caso te exigirem, pois te condenariam sem aguardar explicações. No mundo em que vivemos, até mesmo os atos mais indiscutivelmente virtuosos são censurados; com mais razão ainda, os que se afiguram discutíveis.

Se pessoas de teu círculo ou subordinados vierem te fazer solicitações, pede-lhes para detalhar seu pedido por escrito, sob pretexto de que queres refletir com calma. Mas quanto a ti, responde apenas verbalmente.

Numa discussão perigosa em que cada frase pode voltar-se contra ti, começa por prevenir que não há nada de sério no que dizes. Conforme o caso, contradiz teus interlocutores para ver como reagem, e finge concordar completamente com eles o resto do tempo. Deste modo, se disseres uma asneira, sempre poderás te recuperar lembrando que os havias advertido: estavas apenas brincando.

Se és dominado por uma paixão — o jogo, a caça, os prazeres carnais —, abandona-a o mais depressa possível e definitivamente, pois essas paixões te arrastariam a grandes imprudências.

Com as crianças, os velhos, as pessoas pouco inteligentes, os que têm má memória, e acima de tudo com os déspotas, trata sempre de agir apenas em presença de testemunhas, e exige que as missões das quais te encarregam sejam passadas por escrito.

Não dês conselhos aos homens arrebatados e violentos: eles os seguirão mal e, a seguir, te culparão por seus fracassos.

Em toda circunstância em que podes ser vigiado, fala o mínimo possível. Arriscarás menos cometer um erro do que se falares a torto e a direito.

Observa bem os vícios e as virtudes dos que te rodeiam: disporás assim de um belo arsenal do qual, se preciso, poderás te servir para manobrá-los mais facilmente.

É importante que tuas janelas se abram para o interior e que as vidraças sejam escuras, a fim de que ninguém possa ver se uma janela está aberta ou fechada.

Os inoportunos

Combina com um familiar que a um sinal convencionado ele venha te falar ao ouvido como para te avisar de um assunto grave do qual deves te ocupar urgentemente. Ou então que um secretário te traga uma carta que te anuncia uma infelicidade, uma rebelião entre teus súditos. Ou ainda, o médico te proibiu de beber, de falar...

Outra possibilidade: que te tragam um cavalo selado como se te preparasses realmente para partir.

Sabendo que os cavalos entram em pânico assim que sentem o cheiro de um lobo, faz dar aos cavalos do importuno aveia que esteve em contato com uma pele de lobo; ou então reserva-lhes uma estrebaria onde foi enterrado o cadáver de um lobo. Oferece-lhe um quarto onde se terá colocado o leito sob uma janela aberta durante uma tempestade. Tapa a chaminé para que a fumaça invada a peça assim que se acender o fogo.

A CONVERSAÇÃO

Saibas, para começar, a que categoria de oradores pertences. Para alguns, é no início da conversa que são opacos e tediosos, depois progressivamente as coisas melhoram; dir-se-ia que sua eloquência não quer se afirmar de saída, como um anfitrião que se demora na antecâmara. Outros, ao contrário, mostram-se de início brilhantes e convincentes, mas, se a conversa se prolonga, ei-los que perdem seus recursos ao mesmo tempo que o fio de suas ideias. Põem-se então a disparar julgamentos tão definitivos quanto infundados.

Cumpre praticar a arte do discurso em função de seu temperamento. Se pertences ao primeiro grupo, evita multiplicar as conversas, mas faz de modo que cada uma dure um tempo suficientemente longo. Se é ao segundo grupo que pertences, participa de numerosas conversas, mas abreviando-as assim que sentires ter atingido o efeito desejado.

Espaça tuas visitas, assim elas serão ainda mais apreciadas. Prevê os assuntos que abordarás e a maneira como falarás deles conforme os interesses de teu interlocutor: para este, as filosofias utopistas; para aquele, a arte militar; para um outro, a poesia. E faz que todos pensem que esses assuntos te apaixonam tanto quanto a eles.

Não participes de conversações quando tens o espírito muito ocupado, faltar-te-ia a concentração.

Sê tristonho com os melancólicos, atrabiliário com os coléricos, e sempre extremamente paciente com teus superiores.

Não assumas um ar compenetrado face a um erudito ou a um especialista da questão que te ocupa; evita opor-lhe demasiados argumentos técnicos — dos quais poderás no entanto usar e mesmo abusar para impressionar os leigos.

Considera bem as circunstâncias que cercam o encontro, vê se elas te são favoráveis.

Confrontado a um homem ligado a um grupo que o torna influente, ou particularmente bem situado na corte, não recues diante de nenhum meio para fazer dele um aliado.

Estejas sempre pronto a enfrentar qualquer situação. Assim, prepara-te para responder da maneira mais tranquila do mundo a uma insolência caracterizada, tendo refletido, por exemplo, nos sarcasmos que poderiam te lançar. De todo modo, saibas que aparecerás tal como previamente tiveres te modelado interiormente.

Se deves falar de uma terceira pessoa, jamais menciones seu nome, nem um lugar, uma data ou uma particularidade capazes de permitir a alguém que espreitasse tua conversação identificá-la.

Sobretudo não te lances numa história tão difícil de acreditar que será tida como uma falsidade, mesmo se envolve fatos perfeitamente autênticos.

Mostra-te respeitoso em relação a todos, mas especialmente em relação a teus superiores.

Sê sincero apenas na medida em que essa sinceridade não possa te prejudicar, com mais razão ainda se ela contribui para reforçar tua posição na sociedade. Assim, estejas sempre pronto a louvar as qualidades deste ou daquele no momento em que ninguém possa enciumar-se disso.

Em relação aos que te propõem dinheiro para que cometas um ato criminoso, demonstra a maior prudência: eles poderiam se voltar contra ti.

Evita os desequilibrados, os desesperados: eles são sempre perigosos.

Com os príncipes, mostra-te pouco falante: em vez de escutar, eles preferem mais ser escutados. Na presença deles, sê mais filósofo que orador e, mesmo se te distinguem com a amizade e a familiaridade, jamais esqueças de demonstrar-lhes tua deferência.

Respeita os velhos e seus conselhos — ou pelo menos finge respeitar. Presta-lhes todo tipo de homenagens, dá-lhes a impressão de que veneras sua sabedoria. Se alguns têm títulos de glória, leva-os sempre em grande consideração, pois eles são suscetíveis e facilmente intratáveis.

Não frequentes os tagarelas, essas calamidades que não cessam de repetir a quem quer ouvi-los tudo o que se diz.

Esforça-te em louvar o caráter de uns e de outros, e proclama tua repugnância por aquilo que os desagrada. Opondo-te a seus gostos, a suas tendências, mesmo que involuntariamente, tu os vexas. Quando estiveres a sós com um amigo, faz como se não houvesse ninguém no mundo como ele.

Os gracejos

Que nunca tuas palavras nem teus gestos caiam no licencioso, que é próprio dos bufões. Não imites vozes de pássaros nem gritos de animais.

Guarda-te de gracejar sobre coisas graves, ou sobre as deficiências físicas ou morais de alguém: ele guardaria um rancor tenaz contra ti.

Quer uma pessoa esteja presente ou ausente, jamais te permitas fazer o relato de seus infortúnios: escuta-os, se quiseres, mas não os repitas. Para condimentar tua conversação sem te mostrares vulgar nem indelicado, o melhor é ler os bons escritores, em particular os cronistas — cujas obras estão recheadas de anedotas bizarras que poderás adaptar — e os poetas — que te ensinarão a pôr sentimento em tua maneira de contar.

Quando te lançares na descrição de uma cena, toma cuidado de não citar nomes, de não deixar escapar algum dito de gosto duvidoso.

Evitar as armadilhas

Se suspeitas que um amigo está em desacordo contigo acerca de um assunto grave, finge também estar em desacordo com ele acerca de uma ninharia e faz-lhe algumas repreensões: ele se precipitará nesta ocasião que lhe ofereces e trairá seus sentimentos. Essa acrimônia súbita te desembaraçará dos laços da amizade, e poderás afastá-la.

Eis a conduta a seguir se bandidos te esperam de emboscada à beira de um caminho e, de maneira geral, sempre que quiserem te fazer cair numa armadilha. Dá ordens a teus guardas para suspenderem a marcha e avança sozinho até o lugar onde suspeitas que os bandidos se encontram. Assim que saírem de seu esconderijo, dá meia-volta e foge: eles te perseguirão, e são eles que acabarão caindo na emboscada de tua escolta que os espera preparada.

Se a armadilha foi montada por instigação de um poderoso, acha um pretexto para tomar um atalho e mostra-te bastante hábil para evitar o ataque dos assaltantes que te esperam, mas cuida que nenhum sinal revele que estavas a par da emboscada.

Se te forçam a um empreendimento do qual tens poucas chances de sair incólume, demonstra a maior boa vontade do mundo, prepara-te com ostentação, mas, ao mesmo tempo, dá um jeito de mencionar a qualquer pretexto os obstáculos que se apresentam de imediato. Isso te dará tempo de imaginar as disposições contrárias que convém tomar.

O DINHEIRO: GANHÁ-LO E GUARDÁ-LO

Não desprezes as doações de dinheiro, mesmo as mais módicas, e, tanto quanto possível, evita as despesas em geral. Em relação a teus familiares e a ti mesmo, sê estrito no sustento e no pão. Cuida igualmente de não deixar que roubem a aveia de teus cavalos.

Contrata bons intendentes e que eles te informem da gestão rigorosa de teus proventos. De tuas colheitas, vê o que pode ser vendido e faz que elas prosperem ao máximo: estuda quais as plantações a fazer, as terras a cultivar ou a deixar em pousio; para tanto, recorre aos serviços de pessoas competentes. Procura saber tudo o que produzem teus domínios, exigindo que te mantenham regularmente informado.

Se cogitas despesas excepcionais, certifica-te antes que os fundos necessários estão à tua disposição. Se necessário, inventa um meio de aumentar teus rendimentos para nunca te achares deficitário. Se, por exemplo, decides investir quatro mil escudos para formar um exército de elite, faz primeiro cobrar um imposto sobre os jogos, ou sobre qualquer outro vício do gênero, para contrabalançar tuas despesas.

Quanto aos objetos utilitários que se consomem ou que se quebram, inútil possuir aqueles muito preciosos: basta que não sejam demasiadamente mesquinhos para um homem de tua condição. Tampouco adquiras aquelas taças de prata cujo valor se deve apenas ao trabalho do ourives: nos momentos de necessidade, verias para o teu pesar que foi um dinheiro mal empregado.

Se suspeitas que teu intendente te trapaceia, eis um meio de tirar as dúvidas: algumas horas depois que ele te tiver trazido sua prestação de contas, pede-lhe para repetir de memória o que te leu, como se o tivesses esquecido. Se o que ele repete não corresponde ao que disse antes, podes ter certeza de que ele te lesa.

As honrarias

Começa por demonstrar ser indispensável que alguém se encarregue dessa ou daquela função honorífica, apresentando a coisa de tal modo, invocando tais razões que apareças claramente como a pessoa indicada para ocupá-la. Depois faz-te rogar para aceitá-la, objetando que tua posição atual já te confere os privilégios ligados àquela função.

Faz saber publicamente que, graças a teus conselhos avisados, foram realizadas muitas coisas para o bem do povo — como a construção de asilos para os miseráveis —, sem necessidade de aumentar impostos.

Não vás imaginar que são tuas qualidades pessoais e teu talento que te farão obter um cargo. Se achas que ele te caberá pela simples razão de seres o mais competente, não passas de um tolo. Conscientiza-te de que preferem sempre confiar uma função importante a um incapaz do que a um homem que a mereça. Age portanto como se teu único desejo fosse dever teus cargos e prerrogativas apenas à benevolência de teu senhor.

Para obter uma função, convém antecipar-se, prometer favores ilícitos a pessoas influentes, utilizar da melhor maneira os serviços de intermediários discretos e, posteriormente, fazer questão de honrar seus compromissos. Ao mesmo tempo, convém depreciar-se abertamente, e mesmo com exagero. Por exemplo, afirmar que nos sentimos indignos desse cargo e que, por essa razão, não sentiríamos mais que gratidão se o obtivéssemos.

Se as funções que ocupas te proporcionam muito dinheiro e os recursos de que dispões são superiores aos dos titulares de outros cargos, o meio de evitar que um outro te suplante é investir todos os proventos de teu cargo em fundações perpétuas. Deste modo, se porventura alguém te substituísse, ele poderia contar apenas com sua fortuna pessoal; quanto aos proventos investidos, eles continuariam teus.

Por mais alto que se tenha chegado, é preciso sempre visar ainda mais alto. Se te lanças aos estudos, dedica-lhes toda a tua energia e não percas teu tempo em vãs complacências intelectuais — o que é próprio de muitos eruditos. Se é à virtude que aspiras, que seja a mais elevada. Se é às honrarias, que sejam as mais gloriosas — que aliás são também as mais seguras.

As solicitações

Jamais digas não imediatamente, mas entra em longas considerações que, inevitavelmente, terminarão com... tua recusa. Se alguma vez recusaste algo a alguém, reflete bem antes de mudar de opinião, e só voltes atrás de uma recusa se fores forçado a isso por uma verdadeira necessidade. Quando deves responder negativamente a uma solicitação, finge primeiro refletir por um momento, depois mostra-te sinceramente compungido de não poder aceder ao pedido. Podes também combinar com um de teus secretários que ele virá, a um sinal convencionado, dizer que chegou uma carta anunciando um infortúnio inesperado, o que te permitirá fazer compreender ao importuno, por palavras ou gestos, que, em tal momento, te é impossível satisfazê-lo.

Seja como for, felicita o solicitador por sua diligência e, se ele se mostra insistente, pergunta-lhe de que outro modo poderias ser capaz de lhe provar tua amizade. Depois, diante dele, ordena a um subordinado, que terás prevenido, para zelar por seus interesses mais ciosamente do que se fossem dele próprios.

Enfim, se aconselhas um solicitador a dirigir-se a outra pessoa, faz de modo que ele não tenha a impressão de sair de mãos vazias, e indica-lhe conscienciosamente o caminho a seguir para chegar a essa pessoa.

Os homens de baixa condição têm um espírito que se inflama facilmente; com frequência, seus desejos mais ardentes são apenas fogo de palha. Se um homem do povo te faz um pedido abusivo, é inútil portanto descontentá-lo com uma recusa. Faz que ele tenha paciência sob diversos pretextos enganosos, sempre acompanhados de boas palavras, e, mesmo se é com fervor que ele te suplica, não temas: ele não tardará a renunciar, ou melhor, a te apresentar com o mesmo fervor um pedido contrário ao primeiro.

Se alguém te manifesta seu ódio, saiba que esse sentimento é sempre autêntico: ao contrário do amor, o ódio ignora a hipocrisia.

Se te é impossível despachar um demandista que te reclama um cargo, escolhe um que o coloque pessoalmente em perigo, mas sem que o público tenha de padecer com isso. Podes também, sob pretexto de honrá-lo, retê-lo na corte. De uma maneira geral, é útil poder distribuir cargos honoríficos que, na prática, não significam nada e sobretudo não custam nada — como em Roma, onde se distribuem coroas de louro à guisa de recompensas. As honrarias são o domínio em que, com certeza, os homens não distinguem a aparência da realidade.

Todo ano em data fixa, ou pelo menos a cada dois ou três anos, faz o balanço das ações boas ou más de teus subordinados consultando o registro onde as terás consignado. Terás assim razões válidas para demitir alguns, promover outros, redistribuir os cargos e satisfazer os pedidos daqueles que se mostraram úteis. Todavia, previne que, se estás inteiramente disposto a examinar os pedidos que te são feitos pessoalmente, os que te forem submetidos por intermédio de outras pessoas serão automaticamente rejeitados.

Enfim, adota como regra jamais fazer contratos de longo prazo.

A SIMULAÇÃO DOS SENTIMENTOS

Nas obras dos poetas, identifica modelos de comportamento ditados por sentimentos — ou estuda os que se encontram em *A eloquência na corte*[6] — e exercita-te em simular cada um dos sentimentos que pode ser útil manifestares, até estares como impregnado deles. Não mostres a nin-

---

[6] *Reginae Palatium Eloquentiae*, tratado publicado em 1641 por Gérard Pelletier, gramático e professor de retórica.

guém teus sentimentos reais. Disfarça teu coração como se disfarça um rosto. Que as palavras que pronuncias, as próprias inflexões de tua voz participem do mesmo disfarce. Jamais esqueças que a maior parte das emoções se leem no rosto. Assim, se sentes temor, reprime-o repetindo-te que és o único a ter consciência disso. Faz o mesmo em relação a todos os outros sentimentos.

Festas e ágapes

Para limitar a despesa, compra por atacado tudo o que puder ser utilizado várias vezes, como as figuras de açúcar ou de cera, em forma de montanha ou de fontes, ou os autômatos musicais. O mesmo em relação aos objetos preciosos. Não dilapides teu dinheiro em quadrinhos com as armas de teus convidados de honra, nem em mulheres bárbaras, vestidas de peles de animais, portando archotes em tua sala de refeição. Faz servir vinhos e licores de cores e sabores variados, que darão a impressão de provir de todos os cantos do mundo, e também vinhos artificiais, como aqueles de que fala Arman de Vilanova.[7]

Decora tua mesa com guirlandas de flores multicoloridas, ovos gigantes compostos de ovos verdadeiros, curtidos em aromatizantes, velas acesas que saem do gelo, vulcões nevados que expelem chamas perfumadas e gêiseres, frutos artificiais odoríferos. Faz trazer maçãs ainda presas em seu galho — curiosidade que não custa caro quando se tem macieiras no jardim. Tudo isso causa um grande efeito.

Dispõe folhagens tingidas e perfumadas que farão as vezes de plantas exóticas. As frutas serão trazidas em travessas de vidro, as carnes cozidas

---

[7] Arman de Vilanova (nascido por volta de 1240, não se sabe onde, morto quando voltava da Sicília para cuidar do papa Clemente V em Avignon, em 1313). Astrólogo e alquimista, mestre de Ramón Llull, interessou-se particularmente, como muitos pesquisadores de seu tempo, pela fusão dos metais, em busca da pedra filosofal. A alusão aos "vinhos artificiais" feita aqui por Mazarin deve-se provavelmente ao fato de lhe atribuírem — embora muitos historiadores o contestem — a descoberta da essência de terebentina bem como a do álcool etílico.

segundo receitas diversas e complicadas, dignas de Apício e de Platina.[8] O que impressiona, num banquete, não é a qualidade mas a raridade e o efeito de surpresa. Faz servir caranguejos vivos juntamente com outros cozidos, falsas pernas de carneiro preparadas com massa de bolo e ossos, carne cortada em forma de peixes, xaropes à guisa de molhos. Que pratos de cores diferentes cheguem à mesa sobre carrinhos que aparecerão e desaparecerão como por encanto. Oferece uma variedade de queijos mais ou menos fortes, de formas originais. Uma outra ideia: faz teus hóspedes comerem numa baixela ornada de falsas pedras preciosas...

LIMITAR OS DESPERDÍCIOS

Presta atenção aos menores desperdícios que podem se produzir em tuas propriedades. Ordena a teus domésticos e a teus capatazes que os comuniquem sem demora, e diz-lhes para te indicarem o que

---

[8] Célebres cozinheiros da Roma decadente.

pode acontecer por falta de reparos, bem como o custo desses reparos. Anota cuidadosamente o que é preciso comprar e vender, e aconselha-te com um especialista nos domínios que conheces menos bem. Que toda semana teu capataz te faça um relatório sobre tuas propriedades. Contrata alguém para inspecionar se tudo está em ordem em tua casa; que ele efetue rondas para se assegurar de que as portas estão bem trancadas, que nenhum objeto desapareceu.

Se és tu o administrador da propriedade, anota tudo o que entra e que sai. Sê tanto mais honesto quanto teu senhor te dá provas de benevolência.

As inovações

Antes de decidir sobre uma inovação, coloca-te quatro questões:

— Essa inovação, no que me concerne, será proveitosa ou prejudicial?

— Serei capaz de impô-la?

— Ela está de acordo com minha qualidade?

— Tenho a estima daqueles que ela vai afetar?

SAIR DE APUROS

Se fazes uma aposta com alguém sobre o sucesso de um empreendimento, aposta com outro sobre seu fracasso: estarás certo de nada perder.

Se, num compromisso por escrito, descobres um risco de ser lesado, acrescenta algumas cláusulas vagas para poder interpretá-lo diferentemente. Por exemplo, por ocasião da rendição de uma cidade, promete respeitar todos os bens dos habitantes, com a condição de que nenhuma desordem ou rebelião se produza — sem especificar se são desordens devidas à população em seu conjunto ou apenas provocadas por um punhado de indivíduos (que podem, aliás, ser teus próprios agentes). Posteriormente, se isso te convém, ou se a justiça o exige, poderás declarar teu compromisso anulado.

Qualquer promessa que fizeres, age sempre da maneira que acabo de indicar: a seguir te será fácil encontrar razões para não cumpri-la.

Dissimular seus erros

Se uma frase desastrada te escapa, se dizes uma asneira, afirma imediatamente que o fizeste de propósito para colocar a assistência à prova ou para troçar de alguém. Põe-te a rir como se estivesses encantado com o efeito produzido, ou, ao contrário, mostra-te chateado por não te terem compreendido.

Se alguém se engana por ignorância, que tuas perguntas não venham revelar que em seu lugar terias cometido o mesmo erro, estando na mesma ignorância. Reflete antes na melhor maneira de compreender o que se passa exatamente — por exemplo, perguntando a uma outra pessoa o que ela teria feito numa circunstância idêntica, mas sem exprimir tua opinião para que ela não perceba a que ponto estás mal informado.

Se esqueceste o que disseste em determinada ocasião — o que ocorre mesmo quando falamos sinceramente —, esforça-te apesar de tudo para não dizer o contrário. É por essa razão, aliás, que é prudente anotar tudo o que dizemos de importante.

Cuida também de não fazer confusão entre as pessoas. Quando te enganas sobre a identidade de teu interlocutor, te arriscas ou a manifestar-lhe tua ignorância, ou a revelar-lhe o que ele não devia ficar sabendo. Sê portanto muito cauteloso a fim de não cair em nenhuma dessas duas armadilhas.

Excitar o ódio contra um adversário

Tece louvores do homem que queres destruir junto a seu senhor, mas em termos tais que esses louvores sejam recebidos pelo senhor como uma afronta pessoal. Por fim, esclarece que não é tua própria admiração que te dita esses "louvores", mas que eles foram abundantemente espalhados pelo rumor público que simplesmente reproduzes: assim deixarás o senhor tirar por si mesmo as conclusões sobre o que se diz dele por culpa de seu protegido. Faz-lhe compreender por meias palavras que a reputação dele, senhor, se torna bastante ruim, embora incitando-o a desdenhar a opinião pública e a deixar esses rumores da plebe baixarem sozinhos como um suflê que esfria. Ele interpretará tuas palavras julgando ser ele próprio a vítima principal dos difamadores.

Finge louvar sua indulgência, simula a compaixão. Exclama, com acentos cheios de ênfase oratória, sobre as paixões de seu protegido: "Que caráter excepcional! Que tristeza ver uma natureza tão nobre devorada por um vício tão desastroso...". Mas esse vício, é claro, sobretudo não reveles qual é.

Jamais ameaces um homem que tens a intenção de abater: ele ficaria prevenido. Ao contrário, deixa-o acreditar que és menos poderoso que ele e que, mesmo se o quisesses, nada poderias contra ele. Ata — ou reata — com ele laços de amizade que lhe deem confiança. Oculta espiões no lugar onde sabes que vais encontrá-lo e incita-o a fazer afirmações perigosas, por exemplo a falar mal de seu senhor e protetor: poderás em seguida denunciá-lo e teus espiões confirmarão tuas palavras.

Cabe a ti exagerar as más ações cometidas por esse indivíduo, os males que poderia causar se não fosse imediatamente afastado. Ao mesmo tempo, para não dar a impressão de que é um ódio feroz que dita tuas palavras, não deixes de interceder em favor dele, invoca a clemência de seu senhor para que suas faltas lhe sejam perdoadas. Sê bastante matreiro, porém, para que o pedido não seja atendido! Discorre longamente sobre o que seu caráter tem de mais odioso, interpretando de maneira tendenciosa suas inclinações e seus atos, a fim de desacreditá-lo o quanto puderes. Enfim, à primeira ocasião, empurra-o discretamente no abismo que terás aberto diante dele.

Jamais esqueças que a prudência exige não atacar vários inimigos ao mesmo tempo. Assim, enquanto trabalhas para a ruína deste, reconcilia-te com todos os outros — provisoriamente.

Certifica-te sempre de que tua própria situação é inabalável antes de lançar teu ataque. Não te deixes levar pela paixão da vingança a ponto de perder as ocasiões de progredir em tua carreira.

Pôr fim a uma amizade

Evita as rupturas violentas. Mesmo se teu amigo cometeu faltas graves em relação a ti enquanto, de tua parte, estás indiscutivelmente com a razão, reprime a animosidade que poderias alimentar. Perdoa-lhe, mas, em teu foro íntimo, dissolve aos poucos todo sentimento de afeição por ele, deixa que no fundo de teu coração se desatem um a um os laços da amizade. Podes continuar a vê-lo se as circunstâncias o exigem, para tratar de negócios, por exemplo, mas, se tiveres de lhe falar, que tuas palavras sejam tão sucintas quanto possível. Podes mesmo, ocasionalmente, convidá-lo à tua mesa: isso fará que os outros percebam que não és amigo das pessoas somente quando elas te prestam serviço.

Se tens a certeza — ou apenas a suspeita — de que alguém goza da amizade de teu senhor, tenta uma experiência para passar isso a limpo. Convence esse "rival" a pedir ao senhor um objeto ao qual este é particularmente afeiçoado, que só abandonaria com muito pesar e do qual provavelmente não quererá separar-se. Assim que teu homem tiver experimentado uma recusa, acha uma ocasião para dar-lhe a entender que o senhor não prezava particularmente o objeto em questão, e deixa-o concluir por si mesmo que a afronta que acaba de sofrer é portanto terrivelmente humilhante.

Para abalar a amizade entre duas pessoas, incita uma delas a emprestar à outra certas coisas — roupas para um banquete, cavalos para uma viagem cansativa — que tens todo o motivo de supor que não serão devolvidas em bom estado. Escolhe além disso um momento em que, justamente, quem empresta possa precisar imperativamente delas. Quer o empréstimo se efetue ou não, um dos dois ficará descontente e é muito provável seguir-se uma desavença.

Outra possibilidade: dá um jeito para que um dos dois faça ao outro um empréstimo sem precisar em que data o restituirá. Há todo o motivo de supor que o primeiro hesitará em melindrar o tomador do empréstimo lembrando-lhe sua dívida, mas ao mesmo tempo se aborrecerá por este não lhe restituir seu bem. Em seu aborrecimento, evitará encontrar o outro, um mal-estar se instalará e a bela amizade que os unia será irremediavelmente manchada.

Podes ainda fazer espalhar o boato de que um só conserva sua posição na sociedade graças ao apoio e aos conselhos do outro, e que, sem este, nada seria. Ou, melhor ainda, que um proclama por toda parte que o outro não tem bens nem linhagem, e que diz a quem quiser ouvi-lo que a amizade deles lhe custa somas imensas. Muito depressa, verás seus encontros se espaçarem e eles acabarão mesmo por deixar de se ver completamente.

Um último método, igualmente eficaz, é persuadir um deles a confiar ao outro um segredo — que, por intermédio de alguém, tu mesmo terás divulgado a um certo número de pessoas. Como o segredo não tardará a circular, isso destruirá a confiança entre os dois homens.

O ELOGIO DE OUTREM

Fala sempre com um ar de sinceridade, faz crer que cada frase saída de tua boca vem diretamente do coração e que tua única preocupação é o bem comum. Afirma, além disso, que nada te é mais odioso que a bajulação. Prossegue afirmando que é preciso escusar a indulgência e a excessiva bondade de teu senhor, e que somente sua profunda piedade é a causa de sua falta de severidade.

Jamais pronuncies elogios que, agradando a um, possam ser interpretados como repreensões indiretas em relação a outro, a menos que te encontres numa multidão em que todos clamam e peroram, e onde não se sabe mais quem diz o quê. O melhor é nunca falar das virtudes dos teus amigos, e ocultar seus vícios.

IMPEDIR ALGUÉM DE RECUSAR UM CARGO

Declara que estarias pronto a aceitar sua recusa e a levar em conta as razões que ele alega se tua decisão tivesse sido tomada em teu interesse próprio e não, como é o caso, no interesse dele.

Podes também entregar-lhe uma carta na qual lhe comunicas sua nomeação, ordenando-lhe abri--la somente alguns dias após tua partida. É suficiente então anunciares por toda parte sua nomeação e não responderes a suas cartas. Se é de viva voz que ele se dirige a ti, confia-lhe que está no posto apenas por pouco tempo e que, se o desejar, será em breve liberado do cargo. Mas mostra-lhe que esse é um momento único para ele demonstrar sua excelência e suas competências, fazendo calar os invejosos; e enfim que reservas esse posto àqueles cujo valor é reconhecido e que, no futuro, estão destinados às mais altas funções.

Conter sua cólera

Cuida de não te lançares muito prontamente contra alguém: com muita frequência, descobrirás que informações malévolas te induziram em erro a respeito dele. Ora, se antes dessa descoberta te deixaste arrastar pela cólera, é sobre ti que o mal recairá.

Se fores ofendido pessoalmente, o melhor é fazer como se fosse algo insignificante, pois uma contenda acarreta outra, e o ofensor e tu logo estariam em guerra perpétua. Talvez pudesses sair vencedor, mas essa vitória seria pior que uma derrota, pois nesse meio-tempo terias suscitado muitos rancores.

Se alguém se permite uma zombaria a teu respeito, a melhor resposta é mostrar que percebeste muito bem a ironia do propósito, e mesmo sua maldade, ao mesmo tempo que finges ingenuidade e respondes ao sentido literal, não à intenção zombeteira. Depois, faz como se tua atenção se ocupasse de outra coisa.

Se alguém te ataca publicamente — mas sem te nomear explicitamente, fazendo alusões transparentes a propósito dessa ou daquela ação culpável da qual ele insinua que poderias ser o autor —, toma-o ao pé da letra e, fingindo não ter compreendido que eras visado, exprime tua indignação diante daquela vilania e tua aversão pelas pessoas capazes de tais infâmias. Podes também fingir não ter compreendido nada e dar uma resposta completamente lateral.

Se ele chega a te nomear, faz como se se tratasse de um gracejo, de uma brincadeira para ver se ficas colérico. Responde por algumas arrelias inofensivas das quais só se poderá rir. Ou então retoma suas acusações por tua conta e mostra-te ainda mais indignado, como se elas visassem uma outra pessoa. Exagera, aumenta teus ataques até que ele próprio esteja sem munições, depois coloca-o definitivamente fora de combate fazendo-lhe observar que não havia necessidade de desenterrar o machado de guerra por tão pouco.

Se, ao entrares numa casa, és acolhido de maneira indelicada, não digas nada, dissimula tua irritação e comporta-te como se te houvessem recebido com perfeita cortesia. O dono da casa será suficientemente punido ao tomar consciência de sua grosseria, e a situação o deixará confuso. A seguir ele fará o possível para reparar sua afronta oferecendo-te presentes e prestando-te todos os serviços que puder.

Se és nobilitado há pouco tempo, não deixarão de dizer que teu título de nobreza é sem valor. Se, diante de ti, alguém ataca a aristocracia nova, finge aprová-lo; faz um elogio de peso à velha nobreza de sangue.

Observa a mesma regra de conduta em toda situação análoga.

Se buscam abertamente discutir contigo e não te é possível ignorá-lo, tem sempre na memória um repertório de réplicas espirituosas ou de anedotas divertidas e escolhe uma apropriada à situação, mas que te permita também desviar a conversa para outros assuntos. Para circunstâncias como essa, podes igualmente ter previsto que, a um sinal combinado, um de teus secretários te traga uma carta; após tê-la aberto, exclamarás que te anunciam uma excelente notícia e assumirás um ar maravilhado que desarmará teu adversário; ou então diz que és forçado a te ocupar de imediato de uma questão urgente.

Como regra geral, deixa a teu adversário o tempo de compreender a indignidade de seu ato. Abstendo-te de ressaltá-la, tirar-lhe-ás toda razão de se pôr em cólera.

É difícil não ficar furioso com aqueles que prometeram resolver uma questão importante num prazo preciso e se veem impedidos por imprevistos. Assim o melhor é jamais exigir esse tipo de promessas.

FUGIR

Faz que te consigam uma bebida alcoólica — aguardente, por exemplo — como se fosses bebê-la, e despeja-a sobre tuas roupas, teu colchão, e ateia fogo. O guarda pensará que, em desespero, quiseste pôr fim à vida e, esquecendo de te vigiar, irá dar o alerta. Aproveita então a ocasião.

Finge estar doente, estar com as fezes sangrentas, por exemplo — o que é fácil quando se come garança —, ou faz notar que o ritmo de tua pulsação é irregular — o que se consegue comendo bolor. Solicita então um médico e diz-lhe que sofres de insônia. A seguir, dá um jeito de te transferirem para a casa do guarda e diz que desejas partilhar sua janta. Aproveita um momento de desatenção para despejar em seu copo o sonífero que o médico te tiver dado.

Se te preparas para fugir quando és citado em domicílio, repete diante de todos que partes armado até os dentes. Se, antes de se lançarem em tua perseguição, interrogarem o pessoal de tua casa, terão bem menos disposição de te capturar.

Se és perseguido, lança tua espada ensanguentada, bem à vista, à beira do caminho, ou abandona roupas junto a um riacho, como se te tivessem lançado à água. Se te encontras numa casa, afasta teus companheiros e ateia fogo nela, para que pensem que pereceste no incêndio.

Para a tua fuga, escolhe um cavalo que possa suportar uma dupla ferragem, e leva contigo víveres para vários dias.

Jamais perguntes o caminho para um único destino, faz que te indiquem itinerários para diferentes lugares e, enquanto puderem te ver, toma uma direção contrária à que pretendes seguir em realidade.

Ao saíres de uma cidade ou de uma aldeia, parte através dos campos; depois, quando não mais te avistarem, muda de roupas e de aparência e toma a estrada seguindo para onde realmente tens a intenção de ir.

Se teus perseguidores se aproximam, fere teu cavalo e deixa-o fugir. Quando o encontrarem, pensarão que te mataram.
Ou então deixa teu chapéu flutuar à superfície de um riacho, ou de um poço: pensarão que te afogaste.
Arranja uma gualdrapa reversível para teu cavalo, e para ti grandes mantos de cores diferentes.

Leva também uma máscara em pergaminho pintado de cada lado com um rosto diferente, que poderás colocar num sentido ou noutro como bem te parecer.

Punir

Jamais cometas tu mesmo atos de violência e, acima de tudo, evites sempre matar.

Se desejas punir um homem severamente mas não tens faltas graves a lhe imputar, procede da seguinte maneira: pune seu filho por uma falta venial sobre a qual, normalmente, fecharias os olhos, ou que sancionarias com indulgência. O pai ficará furioso. Começará a queixar-se e a falar mal de ti. Redobra então o castigo a fim de que ele redobre seus protestos. Poderás então acusá-lo de insubmissão e de rebelião, e puni-lo tão duramente quanto semelhante falta a isso te autoriza.

É frequente que, em vez de reconduzir os jovens ao bom caminho, uma punição lhes dê vontade de se comportar ainda pior. Assim é mais sensato tolerar-lhes certas extravagâncias — ao menos aquelas que aliviam suas paixões sem excitar novas, isto é, as paixões que não viram hábito ou as que, pior ainda, engendram sucessivamente outras mais censuráveis ainda.

Se expulsaste alguém de tua corte, de tua casa, se o demitiste de seu cargo e as pessoas se sensibilizam com isso, proclama publicamente que esse indivíduo não cessava de te dar os piores conselhos e que lamentas amargamente ter percebido tão tarde os males que teus súditos tiveram de suportar por causa dele. Faz compreender que os que lamentam sua desgraça não tardarão a ver as coisas melhorarem, e, para que todos se convençam disso, concede alguns benefícios que testemunhem tua boa vontade. Por exemplo, se foi teu intendente que demitiste, manda fazer a lista de todos os que não haviam recebido seu salário e paga-os no ato.

Procura administrar a justiça com indulgência e generosidade, ao menos com a condição de poder fazer um outro suportar as consequências disso. Por exemplo, se teu ministro das Finanças suspendeu um imposto pesado e iníquo com o objetivo de atrair para si tuas boas graças, obriga-o, quando as caixas do Estado exigirem novas contribuições, a anunciar a teus súditos que ele os considera quites e que, se não podem pagar de novo, ele próprio o fará em seu lugar.

Se desejas corrigir alguém de um desvio qualquer, o melhor é dizer-lhe para achar um meio de impedir que ceda à sua má tendência. Com efeito, é preferível que ele próprio descubra o remédio e se castigue — ou ao menos dê a impressão de fazê-lo.

Não sejas tirânico. Não te deixes levar à inquisição de uma forma ou de outra. Ao contrário, desde que não prejudiques ninguém, fecha os olhos sobre as faltas de teus subordinados o mais frequentemente que puderes.

Não condenes as pessoas de alto nascimento a penas desonrosas.

Faz levar pelo homem que queres punir uma carta à casa de um homem teu, no qual confias plenamente, e que terás escolhido como executante. Tão logo o outro tenha partido, enviar-lhe-ás secretamente tuas instruções, indicando-lhe o castigo que deve infligir.

Um bom meio de corrigir num homem uma má inclinação é nomeá-lo para uma função em que deverá corrigir nos outros o mesmo desvio que o seu. Por exemplo: encarregar um alcoólatra da repressão da embriaguez pública.

Se alguém faz uma retratação pública, atende às esperanças de clemência que ele pôs em seu gesto; caso contrário, poderias levá-lo a agravar seus males insurgindo-se contra a dureza do castigo. Aceita aliviar sua pena, e depois, pronunciada a sentença, manda vigiá-lo para ver se reforma ou não sua vida.

Quando te diriges a um culpado, evita dar-lhe o sentimento de que nada mais tem a esperar, e que a confissão de suas faltas só teve por efeito excitar tua cólera. Ao contrário: que cada um veja em ti um homem inclinado à clemência.

Pôr fim a uma sedição

Não aceites receber vários revoltosos ao mesmo tempo para negociar. Exige que designem um deles para falar em nome de todos. As sedições são com frequência causadas pelos filósofos, mas se teus súditos se revoltam porque têm dívidas, decreta uma moratória.

Promete uma recompensa aos que contribuírem para restaurar a paz civil suprimindo os mentores ou ajudando-te a detê-los.

Se a população é sublevada por uma onda de violência incontrolável, toma por porta-vozes homens de bem que trarão de volta teus súditos à razão e à submissão lembrando-lhes o temor de Deus e o dever de piedade — somente esses sentimentos podem apaziguar um povo insurreto. Faz também correr o boato de que os chefes da insurreição agem apenas em seu interesse pessoal e pretendem reinar como déspotas às custas da infelicidade e do sangue de seus seguidores, e que têm a intenção de nada partilhar.

Escutar e pronunciar justos louvores

É preciso ser suficientemente sábio para recusar louvores muito hiperbólicos, assim como aqueles fundados numa comparação com um outro, mesmo que não haja nada de injusto no fato de pronunciá-los: as pessoas sempre têm dificuldade de acreditar no que sai muito do ordinário.

Se alguém faz ostensivamente teu elogio na presença de teu senhor, pergunta-te se em tua ausência não lhe fala mal de ti. Se o elogio que te fazem é exageradamente lisonjeador, considera que estás lidando com um hipócrita. Se todos os teus atos são incensados, se te afogam sob testemunhos de gratidão e te colocam sobre um pedestal beijando-te os pés, saibas que é o momento de desconfiar.

Não te vanglories irrefletidamente dos poderes imensos de que dispões, darias informações a teus adversários. Se queres firmar tua gloriosa fama fazendo publicar teu panegírico, limita-te a um pequeno volume que todos poderão adquirir e que agradará os leitores dos quatro cantos do mundo. Procura também relacionar-te com escritores especialistas do gênero, para que em suas obras introduzam um elogio de teu caráter e de tuas realizações. Deste modo, eles farão mais por tua reputação do que um grosso volume que ninguém tem vontade de ler nem de comprar.

Conservar sua serenidade

Não estabeleças prazos demasiado estritos para resolver tuas questões, e não faças ponto de honra jamais ultrapassar esses prazos, pois se, de repente, se apresentarem outros problemas, deixarias de te ocupar deles. Além disso, se estivesses atrasado na resolução de um problema por obstáculos nos quais não pensaste, te atormentarias inutilmente.

Convence-te da tolice que é imaginar que nem teus familiares, nem teus homens de confiança poderão um dia ou outro cometer uma falta. Nunca nada neste mundo é inteiramente garantido.

Acolhe com indiferença as acusações, mesmo pronunciadas pelos teus. Quanto aos segredos, recusa ouvi-los, ou senão guarda-os com total fidelidade.

Não aceites que te deixem bens em depósito.

A tagarelas impenitentes, jamais dirijas senão vagas gentilezas, do gênero: "Como vai o senhor?". Nunca prometas sem madura reflexão interceder em favor de alguém: se teu esforço fracassar, isso te causará incômodos.

Encarrega teus subordinados de negociar com os artesãos e os fornecedores. Evita discutir com as mulheres choramingonas e teimosas. Se insistem em te levar a lugares onde não tens vontade de ir, recusa alegando afazeres. De uma maneira mais geral, procura sempre ter em mente tudo o que podes pôr na conta de teus supostos "afazeres urgentes".

Desprezar os ataques verbais

Elogios, lisonjas, adulações, sarcasmos... Em todos esses domínios, a hipocrisia humana reina. Procura obter os panfletos que publicam contra ti, lê-os, mostra-os a todos e finge rir deles com o maior prazer: desencorajarás seus autores.

Evita enfrentar os autores de sátiras em público. Alega um afazer urgente e não saias. Se no entanto és forçado a isso, lê várias vezes em tua casa o texto da sátira e exercita-te em rir nas melhores passagens. Simula os sentimentos que convêm em tal situação, imagina a multidão rindo às gargalhadas, concebe réplicas cuidando que estejam de acordo com os sentimentos que queres fazer parecer.

Não adotes como regra absoluta esconder tua emoção quando te sucede uma infelicidade, pois, sempre que permanecesses silencioso, as pessoas deduziriam automaticamente que a sorte acaba de te golpear.

A habilidade nas palavras

Se, após uma infelicidade que o atinge, deves exprimir tua simpatia por alguém, limita-te às fórmulas usuais recomendadas pelos retóricos: não acrescentes nada de pessoal que possa transformar tuas palavras de consolo em panegírico.

Se acusam alguém em tua presença, mantém tua reserva e não digas uma palavra, nem de censura, nem de elogio: forçosamente atrairias sobre ti a vingança do acusador ou do acusado.

Mesmo se teus superiores te ofenderam, continua a falar deles apenas em termos lisonjeiros e não deixa ninguém fazer alusão aos vexames deles, mesmo se tais palavras no fundo te agradam.

Eis como verificar as acusações dirigidas contra alguém em tua presença: escuta os acusadores e anota bem cada uma de suas palavras. A seguir, pede-lhes para pôr no papel tudo o que afirmaram, argumentando que essas acusações deverão ser lidas diante dos acusados. Enfim, compara as duas versões: conforme elas coincidirem ou não, conhecerás a verdade.

Desviar as suspeitas

Relê os capítulos que intitulei: "Obter o favor de outrem", "Jamais ofender" e "Agir com prudência".

Se suspeitas que alguém fala mal de ti diante de teu senhor, dá um jeito para que caia em suas mãos uma carta aparentemente suspeita mas que, em realidade, não contém senão o elogio de teu senhor: se aquele que suspeitas for realmente teu inimigo, ele se apressará em levá-la ao senhor. Deixa, por exemplo, espaços em branco para fazê-lo crer que certas passagens da carta só podem ser decifradas por um meio artificial — mergulhando-a em água ou aquecendo-a diante do fogo. Podes também escrever apenas as primeiras e as últimas sílabas das frases. A seguir, proclama a quem quiser ouvir que não querias de modo nenhum que o conteúdo da carta fosse conhecido de teu senhor, por receio de passar a seus olhos por um vil bajulador.

Desembaraçar-se de um adversário

Se pretendes demitir alguém de seu cargo, começa por não mais enviar-lhe os fundos que necessita para exercê-lo. As dívidas que ele contrair correrão por sua conta. Com efeito, quando ele for efetivamente demitido, não tendo mais dinheiro em caixa para reembolsar seus credores, terá que recorrer a seu cofre pessoal para quitá-las. Deste modo, ter-lhe-ás infligido uma pena pecuniária sem levantar um dedo.

Se alguém procura te suplantar nas boas graças de teu senhor, arranja-te para que lhe confiem em depósito uma quantia de dinheiro, ou um objeto muito prezado por teu senhor e que ele guarda à chave, ou ainda uma joia à qual a esposa de teu senhor é particularmente afeiçoada. Depois, numa noite — após tê-lo feito sair de seus aposentos sob pretexto de uma festa —, furta-lhe o objeto e adverte teu senhor, em meias palavras, de que há motivos para esperar uma traição da parte desse servidor, que é um ladrão. É dispensável dizer que tudo isso deve ser preparado minuciosamente.

Quando temes que um homem que puniste, ou afastaste, se rebele e possa causar problemas — por exemplo um general do exército que pretendes destituir —, manda detê-lo e encarcerá-lo sem aviso e, simultaneamente, nomeia em seu lugar um outro general que terás discretamente tornado popular no seio da tropa. Enfim, para que os soldados não sintam a falta do general destituído e aprovem tua decisão, paga-lhes tu mesmo seu soldo.

Se alguém provoca escândalo durante um banquete, por exemplo fazendo circular calúnias que todos ouvem, manda trazer-lhe uma pena e uma folha de papel e ordena-lhe escrever tudo o que afirma e assinar. Depois, diz-lhe que o esperas no dia seguinte, à primeira hora, com as provas do que afirmou.

Passemos ao caso em que um ambicioso lutasse por conseguir tuas funções, embora sendo incapaz de cumpri-las. Por exemplo, admitamos que és o general de um exército em campanha — posto que sempre provoca ciúmes. Começarás por exacerbar a combatividade do exército inimigo por diversas manobras, depois colocarás o teu numa posição difícil, mas cuidando que o quartel-general permaneça bem aprovisionado em munições. A seguir, alegarás que és chamado a uma outra área de operações e pedirás ao invejoso para substituir-te, mas sem dar-lhe informações sobre a situação das forças em ação, a geografia do terreno, a posição e o poderio do inimigo. Ele marchará direto à catástrofe e poderás então vir em seu socorro, mas sem te apressares demais: deves primeiro aguardar que ele mesmo tenha reconhecido tuas qualidades superiores, bem como sua própria incompetência.

Se queres impedir que jovens venham a te prejudicar, transforma-os em efeminados amolecendo seu caráter pela prática da pintura, da música, da escultura. Dá-lhes por preceptores pessoas sem moralidade, apaixonadamente venais e cúpidas, a fim de que sirvam as más inclinações desses jovens ao invés de corrigi-las. Age do mesmo modo em relação a todas as pessoas vulneráveis por uma razão ou por outra. Aos desesperados, trata de obter servidores lúgubres e pessimistas que agravarão seu mal, aos preguiçosos, cerca-os de gente inútil...

Para desencorajar um homem em suas iniciativas e empreendimentos, podes também servir-te de um intermediário desconhecido dele, que faça que a maior parte de suas cartas, e respostas a suas cartas, se extraviem, aparentemente apenas por negligência dos correios. Muita gente poderá assim ler essas cartas, e todos os seus projetos ficarão expostos.

Incita-o a tentar resolver vários problemas ao mesmo tempo, para que fracasse em todos; a solicitar várias coisas ao mesmo tempo, para que tudo lhe seja recusado.

Provoca a morte de seus animais favoritos misturando no alimento deles pimenta e açafrão, para deixá-los raivosos. Coloca plantas venenosas na manjedoura de seu cavalo, para que fique furioso e não suporte mais seu cavaleiro.

Enfim, promete-lhe uma recompensa enorme se ousar enfrentar um perigo — um combate com um animal feroz, por exemplo. As vexações precedentes terão perturbado seu espírito de tal modo que o verás lançar-se irrefletidamente em tua armadilha.

Em viagem

Não reveles a ninguém quanto dinheiro levas contigo. Ao contrário, queixa-te a todo momento de não teres o bastante.

Se pessoas indiscretas te perguntam de onde vens, responde evasivamente.

Não confies a ninguém o objetivo de tua viagem, mas procura saber aonde vão os outros, colocando-lhes habilmente todo tipo de perguntas.

Não te aproximes de pessoas que estão brigando: é frequente que os ladrões simulem uma briga a fim de atrair um viajante para despojá-lo e pilhar suas bagagens. Se te chamam de covarde, faz como se não tivesses ouvido nada.

Não te fies nos desconhecidos muito bem-vestidos e ornamentados como figuras de alta nobreza, são com frequência ladrões disfarçados.

Jamais te ponhas no leito sem primeiro inspecionar os arredores. Do mesmo modo, sê muito prudente antes de comer.

Não deixes os domésticos de teu hospedeiro precipitarem-se para carregar tuas bagagens, eles poderiam aproveitar para bisbilhotá-las.

Leva sempre contigo um livro para passar o tempo.

Não viajes senão com companheiros de confiança e, mesmo assim, faz de modo que eles antes te precedam que te sigam.

Nas estradas escorregadias, ou muito inclinadas, é prudente usar calçados ferrados e pisar com a ponta dos pés.

Fala o menos possível: é o melhor meio de não colocar em perigo tua bolsa ou tua vida por palavras imprudentes.

Não correr atrás das satisfações do amor-próprio

Quando te ocupas de assuntos importantes com consequências decisivas, deixa aos outros as satisfações fúteis como a gloríola e os aplausos.

Se o inimigo capitula e te entrega uma cidade, não lhe imponhas uma rendição humilhante, convence-o de que se trata menos de uma capitulação que de uma prova de boa vontade. Deixa-o sair da cidade portando alto suas bandeiras e levando coisas de pouco valor, mas cujo abandono simbolizaria sua derrota. Que te importa, desde que prontamente te apoderes da cidade e que ele te devolva os prisioneiros, deixando lá o ouro e as munições?

Considera do mesmo modo as coisas que só têm valor por sua delicadeza ou sua raridade, como as flores. Outros talvez as julguem presentes valiosos, não tu.

Quando te oferecerem reparar um dano que te causaram por serviços que te prometem, recusa taxativamente. São só palavras, e serias pago apenas com promessas logo esquecidas, ao passo que o dano, ele, permanecerá.

Deixa aos outros a glória e a fama. Interessa-te apenas pela realidade do poder.

Se és nomeado a uma função à qual estão associadas honrarias, faz que nomeiem juntamente contigo teu rival, para evitar que ele provoque rebeliões. A ele as honrarias do cargo, a ti seus verdadeiros benefícios.

Criticar, repreender

Para as repreensões, o momento mais oportuno é aquele em que teu homem vem inclinar-se diante de ti, contando apenas com cumprimentos.

Eis como corrigir a conduta de um homem de alto nascimento. Felicita-o por suas ações, mesmo de pouca importância, para que ele te sirva sempre com mais zelo, mas, ao mesmo tempo, faz-lhe saber discretamente e por intermédio de um amigo o que lhe censuras. Se são ligações ilícitas às quais queres que ele renuncie, sobrecarrega-o de afazeres complicados. Se necessário, paga pessoas que o espionarão e virão testemunhar contra ele. Poderás então fazer-lhe admoestações com a maior tranquilidade. Informa-te também sobre as pessoas que ele frequenta, e exige que deixe de ver as que lhe dão mau exemplo. Incita uma mulher a cercar-se de mulheres e um homem a cercar-se de homens, se é a companhia do outro sexo que os leva a agir mal.

Àqueles cuja vida queres reformar, arranja companheiros que, se não têm as qualidades opostas a seus defeitos, pelo menos padecem de desvios contrários. Ao arrebatado associarás um timorato, ao apaixonado um indolente...

Dissimular seus sentimentos

Se tendências que reprovas aparecem entre teus súditos — no domínio religioso, por exemplo —, saibas dissimular teus sentimentos. Ao manifestar tua hostilidade, suscitarás oposições e mesmo rebeliões. Em tal situação, o melhor é evitar aparecer em público e persuadir os que partilham tua reprovação a fazer o mesmo.

Sempre tens o recurso de te aturdir de festas para esquecer os sentimentos que queres esconder. Assim nenhum observador poderá adivinhar se estás contente ou furioso.

Emprestar

Toda vez que um de teus subordinados conceder um empréstimo, que ele faça o devedor assinar um recibo o mais detalhado possível. Deverá fazer como se tu não estivesses a par do empréstimo, como se tivesse partido dele a ideia de exigir essa garantia.

Se não puderes recusar claramente um empréstimo, podes alegar que tu mesmo tens dívidas importantes, que justamente tu também procuras uma pessoa a quem pedir emprestado. Ou então declara ao solicitador que não dispões da quantia que ele pede, mas que podes obtê-la — e sem que ele tenha de pagar juros — à condição de que te entregue alguma coisa em caução: uma dedução sobre sua parte numa herança, por exemplo, ou um objeto de valor equivalente que ele te deixará em depósito.

Saber a verdade

Para saber o que uma pessoa pensa realmente de tua política, pede a um homem de tua confiança para exprimir diante dela tuas próprias opiniões que ele fará passar como se fossem dele; ou então lê um texto que tu mesmo terás redigido, mas que dirás ser de fonte estrangeira, e observa sua reação.

Com frequência a amizade produz uma excessiva benevolência. Ela embaralha o julgamento. Não que nossos amigos não sejam sinceros quando nos cumprimentam ou nos encorajam em nossos empreendimentos, mas sua benevolência está muito distante do julgamento verdadeiro, que consiste em felicitar o interessado depois que nos informamos bem a seu respeito e examinamos com minúcia suas ações e seus procedimentos.

Acusar

Não te lances num processo judicial a não ser

em última instância, e jamais contra alguém que sabes estar melhor relacionado com o juiz do que tu.

Se moves uma ação judicial, ou se é contra ti que ela é movida, estando ou não certo de ter o direito a teu lado, age sempre como se o prejuízo fosse teu. Visita os juízes, oferece-lhes presentes, convida-os à tua mesa. Dá um jeito para encontrar mediadores que consigam um acordo amigável com teu adversário. Com a mente repousada, reflete sobre as objeções que ele poderia te fazer, faz a lista meticulosa delas, e prevê tuas respostas — mas que tudo isso permaneça absolutamente secreto. Sob hipótese nenhuma deves mencionar publicamente os poderes e as prerrogativas que tua condição ou tua função te conferem — isso seria espalhado e daria informações à parte contrária. Mas procura te informar, tu, sobre o caráter de teu adversário — é um homem fraco, ou um violento? — e adapta tua ação ao que souberes dele. Se for um violento, prepara-te a furores repentinos sem deixar-te abalar. Se for um fraco, procede com lentidão. Cuida também que ele não saiba de antemão que tencionas levá-lo à justiça, nem o objeto exato da acusação. Que a notícia lhe caia sobre a cabeça de repente, sem ter tempo de reunir o grupo de seus conselheiros para organizar sua defesa.

Escolhe bem teus advogados. Sua competência e seu caráter não têm muita importância: o essencial é que mantenham boas relações com o juiz. Dá um jeito para que se sintam pessoalmente implicados no teu caso, a fim de que se convençam de que também estão ameaçados e que, se a parte contrária triunfar, estarão expostos ao mesmo prejuízo que tu.

Que todas as tuas acusações sejam pronunciadas não no tom sentencioso de um perito em jurisprudência mas no modo de uma confidência amistosa. Condimenta-as com alguns detalhes escandalosos que imaginarás em função dos próprios vícios do juiz. Este acreditará tanto mais facilmente quanto esses vícios forem bem conhecidos dele, e — melhor ainda — ficará alarmado ao pensar que, nesse processo, sua reputação, sua situação, sua própria vida podem ser postas em causa.

Diante do juiz, demonstra compaixão para com teu adversário, e insiste sobre o fato de que é unicamente por preocupação com o bem público que moveste esse processo. Afirma alto e bom som que a única verdadeira culpada é a crueldade da sorte para com ele, e que quase te envergonhas de ser obrigado a acusar um homem de bem.

Ser acusado

Dissimula que estás a par das acusações feitas contra ti. Cuida de não modificar tua maneira de agir no domínio visado pelas acusações, como se te sentisses culpado, pois teu acusador se saberá descoberto e tomará medidas apropriadas. Mas sempre que a ocasião se apresentar, fala dele como de um inimigo jurado, um especialista da delação. Acrescenta que, se os juízes podem desejar delatores como se desejam traidores na guerra, não é muito recomendável fazer deles amigos.

Afirma que ele tem o hábito de proferir as mesmas acusações quando ataca alguém em tua presença. Que homens como ele não agem nem por senso de justiça, nem por senso cívico. Que os juízes deveriam tê-los não por aliados mas pelo que são: inimigos sistemáticos da honra de outrem, e que, se os escutam imaginando que eles podem lhes ser úteis, sofrerão pessoalmente as consequências disso.

Cobre-te de uma dignidade triste e altaneira. Mergulha nos afazeres como para te distrair e te consolar das baixezas do mundo, ocupando-te de coisas que realmente o mereçam. Conserva porém teu ódio contra o homem que te acusou, e estuda como enfrentar a situação em que te encontras por culpa dele — sem hesitar no entanto em pedir-lhe conselho como a um amigo dileto.

Se alguém te acusa de ações odiosas diante de um terceiro com o objetivo de te indispor com ele, não digas em troca a esse terceiro senão coisas elogiosas a respeito de teu acusador.

Desde o início de um processo, espalha a ideia de que teu adversário é o verdadeiro culpado daquilo que te acusa. Ou então reafirma que esse processo envolve essencialmente fatos pelos quais já pagaste. Ou ainda — é apenas um exemplo —, revela que o homem que te acusa foi expulso do exército por ordem de um tribunal no ano anterior.

Se deves responder a vários pontos de acusação, não percas toda a credibilidade negando tudo em bloco. Reconhece-te culpado de algumas faltas menores, mesmo não sendo verdade, a fim de dar uma prova evidente de tua honestidade e de tua boa vontade, e para não parecer que te consideras irreprochável.

Se descobres que te denunciaram junto a teu senhor, é preferível, em regra geral, não buscar te justificar se ele não te intimou a fazê-lo. Apenas complicarias a situação e te exporias a graves aborrecimentos. Reage, ao contrário, evitando qualquer explicação. Mas se fores prevenido, não hesites em tomar a dianteira e acusa tu mesmo antes de ser acusado.

Viagens à província ou ao estrangeiro

Primeiro ponto: sem chegar a redigir um verdadeiro diário de bordo, registra num caderno tudo o que merece ser lembrado, de bom ou de ruim, numa língua desconhecida das pessoas da província ou do país que visitas, para que, se porventura tuas notas caírem em suas mãos, eles não se indisponham contigo.

Segundo: em todos os lugares, públicos ou privados, sagrados ou profanos, observa tudo minuciosamente — catedrais, santuários, epitáfios, ex-votos, túmulos de homens ilustres, cenotáfios, pavimentos, colunas... Retém o nome e a configuração das colinas, montanhas, florestas, vales... Em relação aos rios, informa-te sobre seu débito fluvial, sua nascente e a origem de seu nome.

Terceiro: investiga a salubridade do ar. Assim ficarás sabendo, por exemplo, que o ar de Roma é ruim para os estrangeiros, enquanto em Bolonha e em Pádua é excelente. Informa-te também sobre a duração dos dias e das noites.

Quarto: anota a localização das cidades com sua situação geográfica, e faz o mesmo em relação às minas dos diversos metais, às fontes termais... Procura saber o que puderes sobre o regime das águas, o calendário das festas religiosas, os campanários, os relógios — coisas que deverás examinar cuidadosamente. Não deixes de visitar os castelos — os mais interessantes se encontram na Alemanha, em Viena, em Estrasburgo e em Landburgo. Em cada cidade, informa-te sobre o abastecimento de água, as obras-primas de arte que nela se podem ver, os cercos que sofreram, a genealogia das famílias antigas.

Quinto: observa minuciosamente as regras acadêmicas que prevalecem na atribuição das dignidades religiosas.

Sexto: informa-te sobre as artes que se praticam na cidade e em sua região, sobre os artistas, os artesãos. Mas visita também os arsenais, as fábricas de máquinas de guerra. Interessa-te pelos palácios, pelos costumes locais em matéria de festas e de banquetes, pela importância da população feminina.

Sétimo: convém conhecer tudo sobre o regime político, o poder episcopal, as festividades por ocasião dos casamentos e do carnaval. Informa-te também sobre o comércio, a riqueza e a devoção dos habitantes, o gênero de estudos que privilegiam... Em suma, adquire o máximo de conhecimentos possível sobre o que caracteriza as diferentes populações, e sobre aquilo em que elas se distinguem umas das outras. Sobretudo, anota com cuidado o que seduz particularmente umas e outras: isso poderá te ser muito útil: o que agrada um povo é aquilo pelo qual ele pode ser vencido.

Anota também em cada localidade — com o auxílio de croquis — as palavras que designam os diferentes alimentos e as maneiras de conservá-los. Observa os jardins, as grutas, as galerias de minas. Mas toma cuidado de não penetrar em subterrâneos com perigosos labirintos sem estar munido de uma lâmpada em perfeito estado e de uma reserva de óleo suficiente. Além disso, coloca velas em diversos pontos de teu percurso. Se decides te aventurar sozinho, faz como Ariadne e utiliza um longo fio para te guiar até a saída. Como o ar do subsolo é com frequência insalubre, e como ali flutuam odores desagradáveis, leva contigo perfumes e óleos com os quais te cobrirás abundantemente antes de descer sob a terra.

Enfim, fala sempre bem dos povos cujo país visitas — e mal dos que têm costumes e tradições opostos.

Os livros teóricos

É importante ler obras sobre a afirmação e a demonstração, a ordem e a colocação das palavras, a dedução, a prova e a argumentação, a redução dos silogismos, a maneira de dispor a premissa maior, de reforçar a menor e de consolidar ambas, as conclusões positivas ou negativas, as regras da objeção, as articulações do discurso, as leis de desenvolvimento de um parágrafo, as figuras de estilo, a avaliação da força ou da fraqueza de um ponto de vista contrário, de suas zonas de fragilidade e de seus recursos de defesa.

Assim poderás estudar com conhecimento de causa os componentes de teus discursos — primeiro de um ponto de vista formal, depois em função das objeções que lhes podem ser opostas —, e apreciar com antecedência a acolhida que serão capazes de receber. Consciente assim de suas eventuais fraquezas, poderás prever o que teus adversários rejeitariam e sobre que elementos baseariam provavelmente seu contra-ataque.

A leitura dos tratados de retórica deve te ensinar a afastar as objeções previstas modificando esse ou aquele aspecto de teu discurso, mas também a clarificar o que é difícil de compreender, cercando e desfazendo a dificuldade.

Não passes muito depressa do geral ao particular, como o vemos naquelas teorias físicas que expõem primeiro as origens do fogo, para saltar do fogo à árvore, e da árvore ao anjo — ou como aqueles teólogos que dissertam sobre a noção de sacramento e depois passam sem qualquer transição ao estudo de cada sacramento em particular.

Não te contentes em ler um tratado uma só vez, relê-o várias vezes. Com muita frequência, cada nova leitura permite à nossa atenção ou à nossa inteligência captar algo diferente. Uma única leitura, por mais séria e atenta que seja, não poderia nos fazer assimilar toda a substância de uma obra, mesmo se ela é acompanhada dos comentários de uma pessoa competente.

Portanto, lê e relê. Primeiro, para formares uma reserva de modelos de argumentação adaptados a cada *topos*, como dizem os dialéticos, o que te permitirá dominar as leis da argumentação assertiva, contraditória e defensiva. A seguir, porque esses tratados teóricos te ensinarão as melhores maneiras de aproveitar uma conversação para te lançares com desembaraço em digressões de muito estilo, que impressionarão tua audiência, como o fazem médicos e eruditos.

AXIOMAS

1. Age em relação a teus amigos como se eles devessem tornar-se um dia teus inimigos.

2. Numa comunidade de interesses, há perigo logo que um membro torna-se demasiado poderoso.

3. Quando te empenhas em obter algo, que ninguém o descubra antes que o tenhas efetivamente obtido.

4. É preciso conhecer o mal para poder combatê-lo.

5. Tudo o que podes resolver pacificamente, não tentes resolvê-lo por uma guerra ou um processo judicial.

6. Mais vale aceitar um pequeno prejuízo do que fazer avançar as negociações de outrem, que delas espera grandes benefícios.

7. Mostrar-se demasiado duro em negociações é expor-se a grandes perigos.

8. O centro sempre vale mais que os extremos.

9. Deves saber tudo sem jamais dizer nada, mostrar-te afável com todos e não dar tua confiança a ninguém.

10. O homem feliz é o que permanece a igual distância de todos os partidos.

11. Conserva sempre alguma desconfiança em relação a cada um, e convence-te de que as pessoas não fazem melhor opinião de ti que dos outros.

12. Quando um partido é numeroso e forte, mesmo se não o apoias, jamais fales mal dele.

13. Desconfia de tudo aquilo a que te arrastam teus sentimentos.

14. Para oferecer um presente ou dar uma festa, medita tua estratégia como se partisses em guerra.

15. Não deixes um segredo se aproximar de ti, não mais que um prisioneiro evadido que teria jurado degolar-te.

EM RESUMO

*Mantém sempre presentes no espírito
estes cinco preceitos:*

1. Simula.
2. Dissimula.
3. Não confies em ninguém.
4. Fala bem de todo o mundo.
5. Reflete antes de agir.

Simula, dissimula

Finge ter amizade com todo o mundo; conversa à vontade com todos, mesmo com as pessoas que odeias, pois é um bom meio de exercitar-te na circunspecção.

Aconteça o que acontecer, oculta tua cólera:

um único acesso de violência prejudica mais tua reputação do que todas as tuas virtudes são capazes de elevá-la.

Privilegia os empreendimentos fáceis para seres mais facilmente obedecido. Se deves escolher entre dois tipos de ação, escolhe sempre a facilidade em vez da grandeza com todos os inconvenientes que a acompanham.

Faz de modo que ninguém jamais conheça nem tua opinião verdadeira sobre uma questão, nem até que ponto estás informado sobre ela, nem o que desejas, aquilo de que te ocupas e o que temes. No entanto, não impeças que tuas virtudes apareçam.

Não te mostres irritado com a duração dos ofícios religiosos, mas tampouco imites os devotos. Mesmo que te conviesse não mais que um grama de violência para chegar a teus fins, jamais recorras a ela.

Não confies em ninguém

Quando te dirigem grandes elogios, convence-te de que zombam de ti.

Jamais confies segredo a ninguém.

Mesmo se com muita frequência desconhecem teu valor, abstém-te de te enalteceres — sem no entanto te desvalorizares.

Diz a ti mesmo que os outros espreitam sempre tua primeira falta para poderem te acusar.

Se te atacam, se te insultam, considera que é tua virtude que põem à prova.

Os amigos não existem. Há apenas pessoas que fingem a amizade.

Fala bem de todo o mundo

Não importa de quem estejas falando, fala sempre bem e nunca mal a seu respeito, para que um terceiro não te ouça e vá repetir tudo ao interessado.

De teus superiores, fala sempre bem e faz particularmente o elogio daqueles que te podem ser úteis.

Uma roupa que te tiverem dado, uma refeição que te tiverem oferecido, serão sempre, em tua boca, as mais magníficas que se possam imaginar.

Reflete antes de agir

E também antes de falar. Pois, se há poucas chances de que deformem para o bem o que disseste ou fizeste, estejas certo, em troca, de que o deformarão para o mal.

Atenção: neste momento mesmo, alguém — que não vês! — talvez esteja te observando, ou te escutando.

Este livro foi composto em Sabon, pela Bracher & Malta, com CTP da New Print e impressão da Graphium em papel Pólen Natural 80 g/m² da Cia. Suzano de Papel e Celulose para a Editora 34, em janeiro de 2025.